桜井智恵子
Chieko Sakurai

# 子どもの声を社会へ

## ――子どもオンブズの挑戦

岩波新書
1353

# はじめに

……彼は難関を突破して念願だった小学校教員になった。大学時代はリーダーシップのある、仲間から抜群に人気のあった学生だった。はりきって担任になり半年、彼は思いきりがんばって授業を行い、校務に携わり、保護者対応をし、そしてがんばり過ぎて小学校に行けなくなった。大好きなクラスの子どもたちに会えなくなった。心配になった私は、教え子だった彼に会いに行った。

薬の副作用でふらふらな彼は、それでも行って子どもに伝えたいことがあると言う。何を伝えたいかと聞くと彼は言った、「がんばる力」だと。私は絶句して、「もうがんばらなくていい」とつぶやいた。

**「それでも成長を追求する」**

政府の国家戦略会議は「日本再生の基本戦略」(二〇一一年一二月二二日)を決定した。二〇二〇年度までの平均で名目成長率三%の経済成長を目指す。バブル期以来の高い目標であり、あくまで成長を追求するとした。原発や新幹線を海外に売り込めば成長は可能と、高度経済成長よふたたびと夢見る人々がいる。問題はあの高度経済成長期の宴の後であったのに、宴の後は取り散らかされたまま、いたずらに時代が過ぎてきた。

やがて、緊迫してきた赤字財政を立てなおすため、首長たちはまず、公務員や教職員を厳しく管理し自己責任論を煽るようになった。分かりやすい論理だ。「がんばり方が足りないから、罰を与えてでもがんばらせる」。公務員にも子どもにも、そして市民に対してもそういう姿勢だ。

これは国の基本的な論理でもあった。がんばったから発展した、しかしいっぽうで国民が劣化している、と。ふたつの状況を切り離してとらえる単純な思考形態。経済成長をひたすら目的とする政策こそが、子どもや人々をとりまく「劣化現象」を招いている。そのつながりが見えていない。

がんばれと言い続けられた日本の国民は、うまく行かないとき自分を責め、病み、ときに自死に向かう。自己責任と思い込まされた人々は、共に考え合う関係を結べなくなり、思考する力を奪われた。

子どもはどうか。

**社会は幼い人に失礼**

経済成長に邁進し必要以上にエネルギーを使うデザインをしてきた日本社会は、消費が当たり前のライフスタイルになり、とても経費のかかる国になった。それゆえ子どもの貧困率は高く、さまざまな家庭状況の下、子どもも親も緊張を高める。

国の財布を握る財務官僚の論理はこうだ。「貧困家庭でもがんばって良い成績をとれば、社会が教育の機会を守る」。がんばれない、力を奪われている子どもや親の、教職員の状況は視野に入らない。

人々が助け合って暮らす方法から分断された市民は、行政サービスに関心が向かい、行政への不満が集中する社会となった。「教育」の目的は、助け合うということよりひとりの子どもの能力開発と理解され、能力を伸ばすため大人が仕掛ける競争的な環境は、子どもを育てるよりも、むしろ追い詰めることとなった。私たちの社会はなんと幼い人に失礼なのだろう。

ここしばらくの時代、子育ちを支える現場、家庭や学校にますます余裕がなくなり、それを受けた子どもの人間関係はじわじわと緊張してきた。本書で扱う「子どもの人権オンブズパーソン」とは、子どもが、いじめや子どもをとりまく困難と取り組めるよう助けるために考案された公的な制度だ。

## オンブズパーソンになったなりゆき

私は兵庫県の川西市子どもの人権オンブズパーソン。そこに至るなりゆきからお話ししたい。

高校生のときから大阪のあいりん地区、通称・釜ケ崎でボランティアに加わっていた私は、フィールドワークにきたフィリピンの研究者に誘われ、国立フィリピン大学に留学した。大学院生ばかりの国際留学生寮で過ごし、さまざまな場所に出向いて話を聞き、私は日本という国のあり方に大きな疑問を抱いて帰国した。

高度経済成長期が終わった頃、世界は日本のことを「エコノミックアニマル」と呼んだ。金儲けのためなら開発途上国の人々の暮らしを安く買いたたき、たとえば公害は日本国内では出さないがアジアには持ち込んでもかまわないという日本人の目に余る経済活動を指してのことだった。

ケニアから来て経済学を専攻していたガナサは、私が釜ケ崎の状況について話したとき、「金持ちの国日本にホームレスの人々？　ありえない」と信用してくれなかった。

週末の留学生寮での食後の団欒のとき、ちょっと背伸びして「日本の侵略は……」と私が言いかけると、いつも優しいスリランカのサラが、「いつの「侵略」？」と聞いた。アジアの多くの人々にとり、戦時中の侵略と同様に、高度経済成長期以降の「侵略」もまた問題だったのだ。私は祖国日本を哀しく想った。いったい日本は何をやっているんだろう。

帰国後しばらくして直面した悩みは、結婚し子どもが与えられてからのものだった。授かった子どもの「子育ち」をどうしたら邪魔し過ぎないでいられるのだろうか。あるがままの子どものありようを喜んでいたいのに、子どもが大きくなるにつけ「能力」「学力」という縛りから自由でいられない親としての葛藤が悩ましかった。

アジアで体験した日本の「経済成長」の実態と、親になって直面した「教育不安」。このふたつのキーワードはつながっている、と徐々に私は気づき始めた。下の子が一歳半を過ぎた頃、その構造を知りたいと私は大学に社会人入学した。三〇歳だった。その後、思いがけず大学院に進み、大学教員になったときには、子どもたちは地域の仲間の手を借りて育てられ、小学生と中学生になっていた。

やがて、教育学が専門で思想史や子どもの権利論を研究していたこともあり、川西市子どもの人権オンブズパーソン事務局から「オンブズパーソン」への就任を打診された。話を聞いてみると、その活動の理念と内容はそれまで全国どこにも前例のない類のものだった。

過去の右肩あがりの経済成長を忘れられず、無理してがんばろうとしている日本は、子どもにもとてもがんばることを強いる。結果、子どもは逆に力を奪われている。成長にこだわらず、より成熟した社会へと、成長への熱狂をゆるめられないものか。それはまさに私が直面した「経済成長」と「教育不安」という問題の結節点だった。

オンブズパーソンはこの問題を個別救済という観点から解こうとしており、子どもの気持ちを中心に人間関係をつくりなおすその手法に私は目を見張った。

二〇〇六年春、私はそのオンブズパーソンに就任した。

## 日本最初の子どもオンブズ

川西市子どもの人権オンブズパーソンとして私が活動してきた約六年の経験を通して、このユニークなシステムは実際にどのような動きをしているのか、可能性は何かについて本書ではお伝えする。関連して、現在子どもがおかれている社会的な問題を思想史の中に位置づけ、展望について考えたい。

なお本書では基本的に、事務局を含む制度としてのオンブズパーソンのことは「オンブズパーソン」、第一章で説明する三名のオンブズパーソンについては、「オンブズ」として便宜的に区別する。

自治体の中には同様の制度は設置したものの、相談数が伸びなかったり運営面で苦労しているところもある。オンブズパーソン制度を設けたら良いということではなく、いかなる思想に支えられ制度を機能させてゆくのか、実際にその思想をどのように活動に結びつけるのか、これらはこの仕事をしてみないとなかなか分からない。

私自身もオンブズパーソンに就任した当初は、制度の運用の仕方に戸惑った。しかし、それまでの方法を引き継ぎ、また新しい工夫を加えケースへの取り組みを重ねるにつれ、これは予想以上に子どもの問題解決に機能するシステムであるということにとても驚いた。じっくり関わるにつれ、子どもも親も教職員も元気になっていくのだ。

今後、オンブズパーソン制度を設置しようとしている自治体や、将来オンブズパーソンという役割を担う人々、また子どもをとりまく大人たちに、子どもと大人をつなぐ調整活動の、ときに〝職人的な方法〟をも含めて参考にしていただきたい。なお、本書は川西市子どもの人権オンブズパーソンの見解ではなく、私の個人的意見であることを申し添えておきたい。

本書の構成は、第一章で川西市子どもの人権オンブズパーソンの誕生の経緯や制度について、第二章では関係に働きかける実際を示し、第三章では個別救済から制度の改善に結ぶ「調査」活動の実践例などを紹介している。第四章では子どもの声をなぜ社会につなぐ必要があるのかという構造分析を行い、問題のつくられ方に迫る。終章では、子どもの声と戦後の思想史を結び、現在の子どもがおかれている問題の核心を明らかにしようとし、これからの可能性を提案する。

ぜひ最後までご同行願いたい。

目次

はじめに

イラスト＝しおたまこ

目　次

# 第一章　子どもの人権オンブズパーソンという制度

「ストレスがたまるとちょっとの振動で水がこぼれてしまうんスよ」

# 1　希有な制度の誕生

## 制度誕生のきっかけ

兵庫県川西市で子どもの人権オンブズパーソン制度が誕生するきっかけとなったのは、一九九五年のことにさかのぼる。一九九四年、国連子どもの権利条約が日本で批准された。子どもの権利条約は、〝ラディカル〟な条約だ。第三条の「子どもの最善の利益」や、第一二条の「意見表明権」の中味は、まるで大人社会に〝殴り込みをかける〟かのような画期的なものだからだ。

- 子どもに関するすべての手続きに「子どもの最善の利益」が考えられること。（第三条一項）
- 子どもが自分に関係あるすべてのことについて「自由に意見を述べる権利」を大人が確保すること。（第一二条一項）

さらに、

・子どもに関するすべての手続きで、ときに「子どもに代わる誰か」に、子どもは意見を聞いてもらう機会を与えられること。（第一二条二項）

これが、子どもの小さな声を受け取り、まわりに伝えるオンブズパーソンの存在理由になっている。つまり「子どもの最善の利益」を大切にしながら、子どもの「意見表明権」を確保する大人が「子どもの人権オンブズパーソン」ということになる。

## 国連・子どもの権利委員会からの勧告

国連・子どもの権利条約を批准してからかなりの年月が経過した。けれども、いじめや体罰、暴力や虐待など、日本では子どもの人権が守られているとは言いがたい状況が続いている。

条約の締約国は、定期的に国内の子どもがおかれている状況を政府報告書にまとめ、ジユネーヴにある子どもの権利委員会に提出し、審査を受けることが定められている。提出頻度は、最初の報告書はその国で条約が発効してから二年以内、それ以降は五年ごとだ（条約第四四条）。

その子どもの権利委員会は、二〇一〇年五月二七日に開かれた会合で日本の第三回定期報告書を審査した。そして、六月一一日に採択された総括所見で、日本は以下のような勧告を受けた（外務省ホームページより）。

- 高度に競争的な学校環境が、就学年齢にある児童の間で、いじめ、精神障害、不登校、中途退学、自殺を助長している可能性があることを懸念する。
- 委員会は、締約国が、質の高い教育と児童を中心に考えた能力の育成を組み合わせること、及び極端に競争的な環境による悪影響を回避することを目的とし、学校及び教育制度を見直すことを勧告する。
- 委員会はまた、締約国が同級生の間でのいじめと闘う努力を強化し、及びそのような措置の策定に児童の視点を反映させるよう勧告する。

これらは学校や教育制度に深く関わりのある勧告だが、当の現場にいる多くの教職員にその内容を知るチャンスはなかった。マスコミも地味なニュースとして、大きくは取り上げなかったのだ。

この勧告をもう少し分かりやすく述べると、次のようになる。

①学校や家庭における学力競争が、小学生や中学生の間でいじめや精神的な病気、不登校や自殺を招いている。

②(たとえば、全国一斉学力テストなどの)「極端に競争的な環境による悪影響を回避する」ために、学校のあり方や教育制度を見直すこと。

③子どもがいじめと取り組むことのできるような制度をつくり、子どもの気持ちを中心に、その制度を機能させること。

オンブズパーソンは、この③の制度に関わる。川西市子どもの人権オンブズパーソンは、こじれた人間関係の糸をほどきながら、子どもの問題を解決するために働くのだが、まずはその成り立ちや制度から説明することにしよう。

## いじめ問題の表面化

一九九〇年代半ば、全国的にいじめ問題が表面化していた。中学生の自殺などを発端に「いじめ」が注目されるようになったのだ。

川西市でも取り組みを早急に開始することが必要とされ、教育委員会(以下、市教委とする)が「子どもの人権と教育」検討委員会を設置した。当時教育委員会に在籍していた教職員が制度のきっかけをつくった。この教職員はその後、市内の中学校教員から市教委に配属され、創設に関わった川西市子どもの人権オンブズパーソン事務局で仕事をした。創設当時の状況を、彼は次のように説明している。

九〇年代のいじめをめぐっては、過去の「学校荒廃」を再び許してはならないといった危機感から問題が受け止められ、学校の子ども管理が重視されるような傾向もみられた。(略)

そのような流れのなかで、学校の秩序・規律を守ることと、一人ひとりの子どもの人権を守ることとは、再び二項対立の構図で捉えられるようにもなっていた。「子どもの人権」を「学校」とは相容れないもののようにみなす、学校の現場とそれをとりまくエトス(ethos)である。

しかし、そのような見方は過去四半世紀近くの「管理教育」や「学校荒廃」の文脈を冷静に読み解けば、少なくとも教育実践としては、すでに成り立つものではなかった。「学校はみんなで命を削るところ」という子どもの訴えに対して、まともに向き合うことが、まず求められていたのである。子どもたちへの「対策」ではなく、おとなたちがつくってきた学校のありようそのものが、問われていた。

(吉永省三『子どものエンパワメントと子どもオンブズパーソン』)

確かに、子どもに「まともに向き合うこと」が求められている。たとえば、「子どもにつき合う」「子どもの話を聞く」という学級経営こそが、教職員の評価につながる必要があるのに、ところが今、現場は逆行し、子どもにつき合うどころか書類と会議に忙殺される学校となり、成果主義やゼロ・トレランス(指導主義、後述)がその評価軸となっている。子どもと教職員のパートナーシップが学校において価値として認められることは、今こそ重要な視点であり、学校のあり方だけでなく、地域の考え方まで変える可能性をもつのではないかと思う。

さて、九五年七月、同検討委員会は、市内の全小学校六年生と中学校二年生を対象に「子どもの実感調査」を行った。子どもは毎日をどんなふうに感じながら生きているのだろうと調査したのだ。

「心または体、またはその両方に苦痛を感じるようないじめを学校で受けたことがある」と答えた小学生は三六%、中学生は一九%いることが分かった。

「学校に来るのが楽しくない」と答えた小学生の五七%、中学生の二七%が過去一年間にいじめにあったことがあると答えた。

いじめを受けたとき、誰にも相談せず「一人でがまんする」という小学生は一三%、中学生は一七%だった。中でも、次の結果はさらに強烈だった。「何回もいじめられたことがある」と答えた小学生の三五%、中学生の三八%が「一人でがまんする」を選んだのだ（「子どもの人権と教育」検討委員会『提言』一九九五年）。

つまり、子どもは頻繁にいじめられるほどひとりで悩み我慢するという傾向が浮かび上がった。さらに「生きているのがつらい」と答えた子どもも、クラスで一～二人もいるという結果だった。

## 公的第三者機関でいく

検討委員会提言を受け、市（教育委員会）が条例案を作成し、川西市議会は九八年一二月に承認し、全国初の「子どもの人権オンブズパーソン条例」は制定された。

組織としてのオンブズパーソンをどこに位置づけるかについては、さまざまに話し合われた。そして間もなく、議会はオンブズパーソンの独立性を保つことにし、はじめは市教委の付属機関とされていた条例案を修正することにした。

「市教育委員会の外に置き、市長直属の付属機関として市長部局に、公的第三者機関として設置する」。新しく提案された条例は全会一致で可決された。この位置づけは、教育委員会からも距離を置き、意見を述べることができるというものであり、非常に意義あるものであったことがあとあと理解されるようになる。「子どもの権利よりも義務だ」という物言いや考え方がまだまだ残る世の中で、子どもの人権オンブズパーソン制度の誕生は快挙だった。

子どもの権利が一般的権利よりも特徴的なのは次の点においてである。

すなわち、大人と比べて小さな声しかもたない育ちつつある存在がもつ権利として、自分の気持ちを聞いてもらう権利（意見表明権）があるということ。「義務」を声高に叫ぶ人は、子どもの権利の特徴や、「子育ち」を支える大人のあり方の奥深さについて、あまりよくご存知ないと言わざるをえない。

高度経済成長期以降の日本で、子どもをとりまく「関係」がどんどん厳しくなり、暮らしをさらにしんどくしている。もはや関係に支えられない「自己責任論」では子どもの命は救われるどころか危うくなるという現実が、市議会を動かしたということになる。学校だけではもう子どもの問題にとても対応できないという実状が、オンブズパーソン条例誕生の背景にあったのである。

「川西市子どもの人権オンブズパーソン条例」は、九九年四月から実施されることになった。

日本初の「子どもの声を聞いて関係を調整する」公的制度の誕生だった。

## オンブズパーソンの定義

「オンブズパーソン」とは、スウェーデン語の「オンブズマン（ombudsman）」のmanをpersonに置き換えたアメリカ英語で、オンブズマンと同じ意味だ。オンブズマンという言葉は、スウェーデンに起源をもち長い歴史的経過の中で形成されてきたと言われる。議会などから任命されたオンブズマンは、公正中立の立場に立って行政を監視する機能を持つ市民の代理人の意味で使われ、調査に基づいた勧告などを行う権限がある。

現在では多くの国においてこの制度は国が設置する国家オンブズマンとして普及しているが、日本では自治体レベルでしかない。

公的なオンブズマンに対して、「市民オンブズマン」と呼ばれる民間のオンブズマンは公的な制度ではなく、自ら市民としての自覚のもとに県や市の行財政活動を監視しようとする私的で自立的な組織である。

## 2　制度の仕組み

### オンブズパーソンの仕事

条例に定められているオンブズパーソンの職務はふたつ。

まず「個別救済」だ。子ども一人ひとりを助ける。問題に対するマニュアルはつくっていない、むしろつくれない。個々の子どものまわりのすべての関係が違うので、マニュアルにとらわれないでそれぞれの子どもの気持ちを聞きながら課題を整理する。市内の一八歳未満の子どもや、その子どもをとりまく大人がその支援を受けることができる。

もうひとつの職務は「制度改善」である。子どもの個別救済で関わった問題から見えてきた市全体の課題について、市の機関に対して提言を行うことができる。勧告や意見表明の形をとることもある。

## 多彩な人員体制

人員の仕組みはどうなっているか。

川西市のオンブズパーソン（以下、オンブズとする）は、名前だけを登録して実際には事務局にほとんど顔を出さないような名誉職からはほど遠い。

オンブズは「研究協議」と呼ばれる毎週のケース会議で議論のリーダーシップをとるほか、そこでの「課題整理」に基づき子どもや保護者、教職員などとたびたび面談し、学校現場にもしばしば赴く。

「よし、行こう！」。先任のオンブズたちのフットワークのあまりの軽さに、私が就任当時は驚いたものだ。川西市が人口一六万人の都市であり（二〇一一年現在）、活動範囲が手ごろなサイズであることがオンブズの仕事にぴったりなのだろう。事務局のある市役所から一番遠く離れた中学校でも、車で三〇分あればたどり着くことができる。

オンブズパーソンは、「川西市子どもの人権オンブズパーソン候補者名簿作成に関する要綱」に基づき、庁内で組織される候補者名簿作成委員会が「適正な選考のため必要な情報の収集に努め」、作成した候補者名簿の中に名前が掲載される。そしてその名簿から、オンブズ就任者が選ばれる。

では、いったいどんな人がオンブズの仕事を担っているのだろうか。

現在、法律家である弁護士オンブズの宮島繁成さん、心理学分野のオンブズである浜田寿美男さん、そして大学教員で教育学分野のオンブズである私の三人がオンブズパーソンとして仕事をしている。

川西市は兵庫県にある。その隣の大阪府は生活保護世帯が多いことからも分かるように、経済的に生活の厳しい人々の数がほかの地域に比べて際立っている。社会学の研究で明らかなように、結果、大阪はいわゆる少年事件も全国で多い方の位置づけになる。同様に、学力試験の平均点数も高い結果とはならないのだが、それは厳しい生活事情と重なっているからだ。オンブズの法律家枠は代々、その大阪弁護士会の少年非行などを担当する弁護士が所属する「子どもの権利委員会」の委員長経験者からの就任となってきた。

多くの弁護士オンブズが、弁護士の仕事の手法とは大いに異なるオンブズでの救済の方法に、当初戸惑うようだ。就任直後は、弁護士の仕事のように理詰めで説明する姿勢で臨み、それでは相手に子どもの気持ちが届きにくいことを経験し、やがて相手の意見を聞きながら、子どもの気持ちを代弁する調整的な手法に移行していくようだ。

オンブズとして活動する中で、法律家としてのまなざしと子どもの話を中心にして問題解決を考える手法が重なるようになり、オンブズチームの中で独自の役割を担うようになる。

心理学分野からのオンブズには、代々、相談室内で仕事を完結させるカウンセラーというよりも、社会への視野が広いダイナミックな活動系のワーカーが就任している。子どもの問題を、その子ども個人の問題にしてしまわずに、周囲の人間関係の問題としてとらえる視点は、子どもの人権救済の基本となる。

現在私が担当している教育学分野のオンブズは、自ずから学校に関わることが多くなる。学校の教職員がおかれている状況のしんどさもよく分かるし、教育政策の動きや、教育状況も一定程度把握できるので、現場のことを理解しつつ、子どもの立場を尊重する大人のあり方をあれこれ提案する。

私としては、これまで六年近くオンブズの仕事に携わってきて、世の中がますます「とりあえず学力を」と駆り立てる方向に向かっていると感じている。それによって追い詰められる子どもや保護者、教職員の傍らにいると、時代と折り合いを図ることがとても悩ましいと感じられる。

対応の難しいケースに取り組んでいるとき、チーム全員に力が入り過ぎてくるとオンブズたちは互いに少しジョークを飛ばし合ったりする。すると、みんなふっと力が抜けて新しい発想が湧いてくる。ひとりひとりでは力が及ばない困難なケースにおいても、さまざまに力を合わせ、ときに力を抜くことで新たな力がもたらされ対応できる。

なお、現在までの川西市オンブズ経験者は、次の人々である。瀬戸則夫さん、石田文三さん、池谷博行さん、泉薫さんが弁護士、野澤正子さん、堀正嗣さん、川端利彦さん、田中文子さん、羽下大信《はげだいしん》さんが研究者などからの就任である。

オンブズのほかに相談員が現在四人いる。全国から応募者を募り、行政職員と三人のオンブズにより、高い倍率の中から選ばれる。

臨床心理士などの資格の有無にかかわらず、子どもを尊重することができ、意欲のある人たちがチームの一員として働く。子どもと関わる仕事で暗い顔をしていては、子どもは安心してくれないため、子どもと思いっきり遊べる朗らかな人であることは相談員であるための大切な条件でもある。

相談員は週四日勤務の嘱託で、月曜から金曜の午前一〇時〜午後六時まで市役所三階の事務局にシフトで常駐している。

相談員が、子ども、保護者、教職員などからのSOSを受けて話を聞き、その記録を整理し「研究協議」と呼ばれるケース会議でオンブズに報告することで、チームとしての動きがスタートする。

**相談方法**

既述のように、市民ならば誰でも簡単に相談することができる。子どもたちが何人かで事務局に突然来てくれることもある。父親が仕事の合間に来たり、「ママ友」たちが誘い合わせて来ることもある。相談は主に電話、事務局、相談室「子どもオンブズくらぶ」で行う。

最初の受付の方法は電話が七割、来所が二割。ほかに手紙や本人の了解を得てこちらから自宅や学校に出向く場合もある。その後の継続相談は、子どもに直接会って話を聞くスタイルが約五割を占めている。大人の相談は電話が中心で七割となっている。

**表 1-1　相談内容の内訳トップ 5(2010 年)**

| 子どもからの相談 | |
|---|---|
| ①いじめ | 25.7% |
| ②交友関係の悩み | 20.0% |
| ③家族関係の悩み | 8.6% |
| ④心身の悩み | 5.7% |
| ⑤不登校 | 4.3% |
| ⑤教職員等の暴言や威嚇 | 4.3% |

| 大人からの相談 | |
|---|---|
| ①子育ての悩み | 18.2% |
| ②不登校 | 10.1% |
| ③家族関係の悩み | 8.1% |
| ③いじめ | 8.1% |
| ⑤家庭内虐待 | 7.1% |

## どのような相談が多いか

子どもからの相談は、①いじめ、②交友関係の悩み、③家族関係の悩みが基本的にトップ3で、教職員の指導、不登校などの問題が続く。

大人からの相談は子育ての悩みが圧倒的に多く、ほかにいじめ、家族関係の悩み、教職員の指導などの問題が続く。例年、順位が多少入れ替わる程度である。

二〇一〇年次に受け付けた相談は一六九案件で、延べ件数は五三七件だった。この中には、相談者に他機関等を紹介した案件、あるいは必要な情報を提供して終了した案件、ま

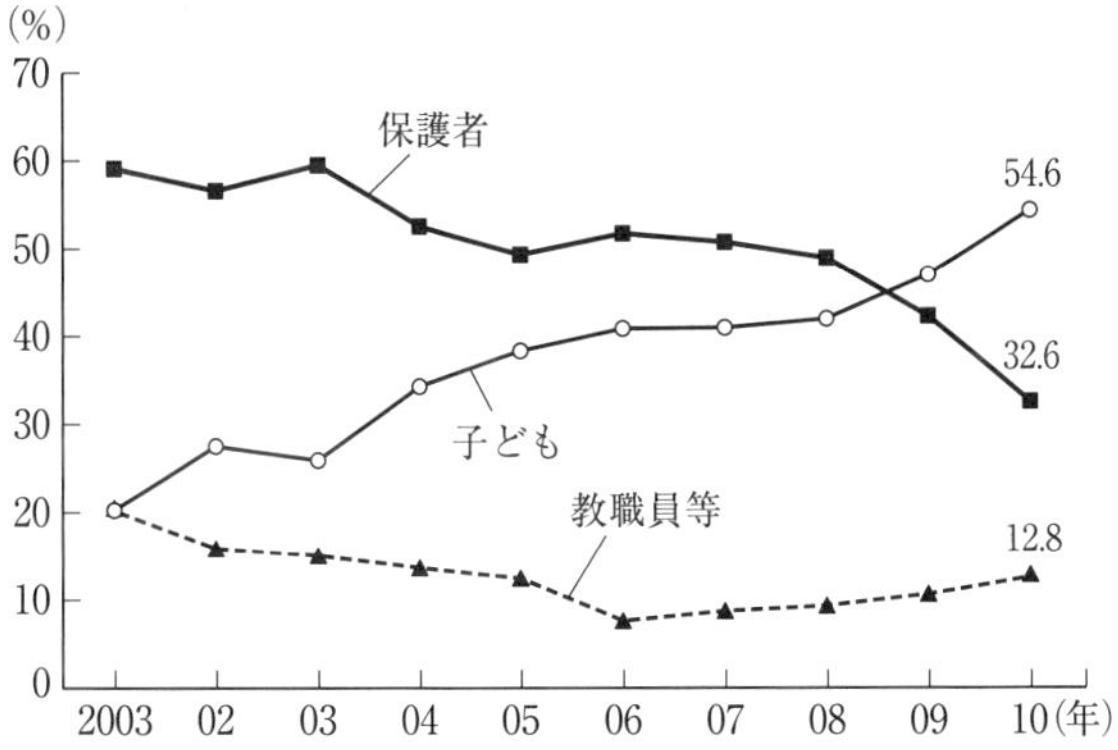


**図 1-1**　各年次の相談者割合

た相談者の意向を踏まえて、学校・教育委員会、保育所、市のこども部等、関係する機関に働きかけて調整活動を実施した案件も含まれている。

なお、申立てを受け付けて調査を実施した二案件について、延べ七五回の聴き取り調査を行ったが、この調査回数は上記の延べ件数・案件数には反映されていない。

全国の子ども相談の例と比べて、川西市子どもの人権オンブズパーソンの特徴のひとつが、すべての相談の中で子ども自身からの相談が一番多いことだ。制度がスタートしてから　年目で大人からの相談数よりも子どもからの相談数が上回り、二〇一〇年には子どもの相談は半数を超えた。これは全国でもたいへん珍しい状況だ。

その理由はふたつ考えられる。

まず、学校が広報を手伝ってくれていること。小学校で担任がクラスの子どもにオンブズパーソンの説明をしてくれている。

「困ったことがあれば、先生に相談するんだよ。でも先生やおとうさん、おかあさんに相談できないときはオンブズパーソンに相談するんだよ」。このようにして、オンブズパーソンの電話番号を記入したカードを配布してくれる教職員も増えてきた。おかげで小中学生のオンブズパーソン認知率は七七％と、市内のたくさんの子どもたちがその存在を知ってくれている。また、市外の公的機関やＮＰＯが、川西市の子どもからの相談にはオンブズパーソンのことを紹介してくれることもある。

ふたつ目の理由は、できるだけ子ども本人から話を聞くというスタンスを徹底していることだ。これは川西市子どもの人権オンブズパーソンの基本姿勢である。

初回の相談が保護者などの大人からである場合も、できるだけ救済を必要とする子ども本人につながるようにさまざまな工夫を行う。

子どもの話を聞くことなしに、まわりの大人の話だけで子どもの問題を判断することはできない。ときに学校に出向き教室に入れてもらい、子ども本人と仲良くなる。家から出たくないという子どもには手紙を書く。文面ひとつをとっても、研究協議でオンブズチーム全員で考える。できる限り子どもに信頼してもらえるように努力を重ねる。オンブズパーソンは、子どもの問題は子どもに会ってその子の話を聞かせてもらうことが、常に第一ステップと思っている。

寄せられる相談を子どもの学齢順に整理すると次のようになる(二〇一〇年次)。

①小学生高学年、②中学生、③高校生・中卒後の子ども、④小学生低学年。

それまでの小学校高学年中心から、最近では低学年からの相談も増えてきた。また、就学前の子どもからの相談が加わる年もある。

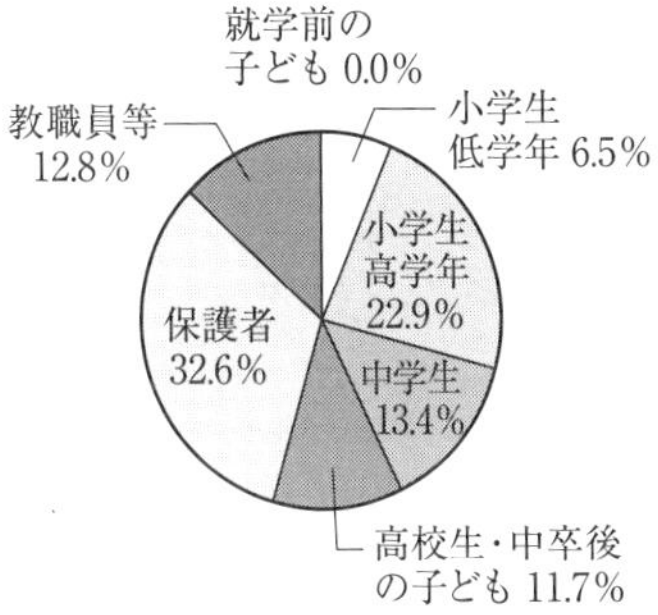

図 1-2　相談者の内訳(2010 年次)

保護者と面談する中で、子どもの気持ちを親があまり理解していないと感じることも多い。親が自分たちだけで子育てを行い孤立してしまっているとき、また子どもの気持ちを親が理解していないという事態は、子どもにとって決して好ましい結果をもたらさない。親が孤立しているときには、子どもへの風当たりはとても強くなってしまう。私たちは子どもを守るという目的のために、親にとっての友達ができるようにと市内のさまざまなイベントや集える場を勧めたりもする。

子どもや保護者からの相談に対して、教職員などからの相談も一割以上ある。割合はそう高くなくても、教職員からの相談は内容はシビアなものばかりだ。大抵は教職員や管理職が、事務局へ直接相談に訪れられる。夜、市役所が閉まったあとに、学年の教職員が揃って訪ねて来られたこともある。

## 「子どもの権利に関する条例」を制定する自治体

現在、子どもの権利に関する条例を制定する自治体は全国に八〇以上ある。そのうち条例に基づき救済機関を持つ自治体は一五～二〇ほどとなっている(川崎市、岐阜県多治見市、東京都豊島区、福岡県志免町、愛知県豊田市、三重県名張市、札幌市ほか、二〇一一年九月現在)。

川西市子どもの人権オンブズパーソンは日本で初めての事業として、活動経験を重ねてきているため、ほかの自治体職員や国会議員、地方議員、マスコミなどからもたくさんの視察や問合せを毎月のように受けている。

## スクールソーシャルワーカーとの違い

政府は、学校での子どもの課題に対応するため、二〇〇八年度より「スクールソーシャルワーカー(SSW)活用事業」を新規に始めた。文部科学省ではなく財務省から「予算の重点化」として提案されたのであるが、正規の教職員を増やすより安上がりな施策と予算化したようにも思われる。本来ならば、正規教職員もSSWも順当に配置される必要のある学校現場である。

ここで、SSWの仕事とオンブズの仕事の違いを簡単に整理しておきたい。

川西市の場合、前述のようにオンブズパーソンは教育委員会からも独立して権限が付与されている。そのため、学校や教育委員会にも改善の意見を述べることができる。それに対して、SSWは教育委員会の専門職という位置づけであり、意見をオープンに述べるには制約がある。

いっぽう、オンブズパーソンは子どもからの相談があって初めて活動を開始できるが、SSWは学校で声にならない子どもの声を拾いあげることができる。オンブズのような権限をSSWは持たないが、子どもの声の回収がきめ細かくできる。このように両者で働き方が異なるが、SSWもオンブズも子ども中心という理念は同じであるため、連携して働くことができるとより有効だ。

学校内で懸命に努力してもどうにもこうにも解決方法が見つからないといったケースの相談を、最近は学校側から持ちかけてくれるようになった。これは、オンブズパーソン制度が始まった当初は考えられなかったことだ。

「子どもをめぐる保護者同士のトラブルの対応に追われ、学校の日常業務に支障をきたしている。どう対応するべきか分からない」という小学校教員からの相談を受け、いっしょに課題整理をしたところ、適切な対応が図られ問題が収束していたケースもある。

発足当初は、「オンブズパーソンなんて名前を聞いただけでイヤ」「オンブズが学校に入ってくるということが受け入れられない」と感じる教職員が多かったという。

自分たちの仕事ぶりの欠陥ばかり指摘されると思われていたのだとしたら、それはイヤだったに違いない。けれども実績を重ねる中で、教職員の印象も「自分たちを糾弾する人たちではなさそうだ」「サポートしてくれるらしい」といったものに変わりつつある。

私たちオンブズは「営業」に出向く。まるで御用聞きのようだ。校長会や教頭会にも「営業」のチャレンジ精神で出向く。制度設立一〇年目にして、校長会で説明させてもらう機会まで与えられた。

自ら市民やまわりの機関に出向き、オンブズはどんな人たちなのかと顔を見てもらい、実際におしゃべりをして雰囲気をつかみ「こういう人たちがオンブズの仕事をしているのだな」と感じてもらうことが、地道な努力とはいえ人々がつながりながら子どもを守り、街を充実させていくために大切なことではないかと思う。「上から目線」ならぬ「下から目線」のオンブズパーソンなのだ。

**相談してきた人の声**

これまでオンブズパーソンに相談してきた教職員や市民の声を一部紹介しよう。

オンブズパーソンに相談したり、支援を求めたりすることがあります。時には学校にとって耳の痛いことも指摘されますが、子どもの人権を守る上でいろいろと示唆が得られ、貴重な存在だと思っています。これからもよき相談相手として、また、ご意見番として活動を願っています。

（学校現場のひとりより）

子どもだけでなく、おとなも、子どもの人権から、子どもも含めたすべての人の人権を考えるきっかけとなる制度です。これからますますその重要性が増してくると私は思っています。

（中学校教員・男性）

おとなにとって「良い子」を育てる仕組みが多い昨今で、子どもの生《なま》の叫びを聞いていただける場所として、絶対に必要と感じます。同様の場所が、学校や学区単位で設立されますことを切望いたします。

（中学生の父親）

相談が終結した子どもからもたくさんの手紙や絵が事務局に届く。進学報告や出産報告も寄せられ、元気な顔を見せられると、相談当時のことをよく知るオンブズや相談員はしみじみとさせられる。

**調整活動と調査活動**

関係に働きかける「調整」という活動は、固くなった人間関係のネジをゆるめるような仕事だ。

既述のようにオンブズパーソンは、子どもの人間関係の修復や立て直し（再構築）を目指す。対話を重ねて人と人をつなぐ。子どもの問題解決のためには、子どもをとりまく人間関係が少しでも柔軟になることが必要だ。オンブズは、それぞれの子どもに関わりのある大人(教職員や保護者など)にその子どもの気持ちを伝えにいく。あるいはまた、対話を重ねることにより、深刻さが少しゆるんだ人間関係をつくりなおしていく。

オンブズパーソンの活動には、「調整」のほかに「調査」という制度改善までも視野に入れた方法もある。オンブズたちは、相談や調査を行う中で見えてきた個別の課題に対して、市の関係機関などに改善を求めて提言を行うこともある。

ただし、簡単に意見表明や勧告を出すことはしない。事前に何度も関係機関と話し合い、意見交換を重ねる。子どもの救済のためにどうしても必要な課題が解決されにくいとき、はじめて文書にして市の機関にも共有してもらう。

ひとりの子どもの問題を起点にして、市の制度が改善されることがあるのだ。多くの場合は逆かと思う。制度が変わり個人の手続きが変わる。けれども、小さな市民のSOSが制度までも改善するという広がりを見せる。これは市民社会を充実させる上でとても可能性のある方法なのではないだろうか。調査については、第三章で詳しく説明したい。

## 「川西モデル」とは何か

国連・子どもの権利委員会およびユニセフ国際事務所は、川西市子どもの人権オンブズパーソン制度についてかねてより注目してきた。同制度は、子どもの個別救済において多くの成果が見られるからだ。

そこで二〇〇六年一二月に、ユニセフ・イノチェンティ研究所上級研究員のトロンド・ヴォーゲ氏(元ノルウェー国家オンブズ)が、川西市のオンブズパーソン制度の視察に来た(すでに国レベルでの子どもの人権機関、国家オンブズを設置している国が増えてきている。日本も設置を要望されているが、まだない)。

氏は関係者と意見交換を行い、あわせて小中学校を訪問した。これらの視察を機に、子どもの個別救済に取り組む川西市の制度を国際的にも珍しい子どもオンブズのモデルとして研究し、同研究所から国際社会に発信したいとのことだった。

多くの国々でオンブズパーソン制度の設立に関わった氏が興味をもち、ユニセフが注目した「川西モデル」とは川西市のオンブズパーソンの仕事のどの部分なのか——それは、調整であろうが調査であろうが、個々の子どもにじっくりと時間をかけて対応する、その個別救済のスタイルだった。

## 個別救済の仕組み

では、個別救済の取り組みはどのような流れで進められているのか。

まずは相談員が相談を受け付ける。ほとんどの面談の所要時間は初回三〇分を超えている。平均でも一時間を超える。

週に一回、オンブズと相談員が一堂に会して研究協議（ケース会議）を行う。その週に受けた新規案件や個別相談をもとに相談員は相談記録を作成し、研究協議にはそこから五ケース前後をかける。協議の場では全員で、対応が急がれる順にケースをじっくり検討していく。

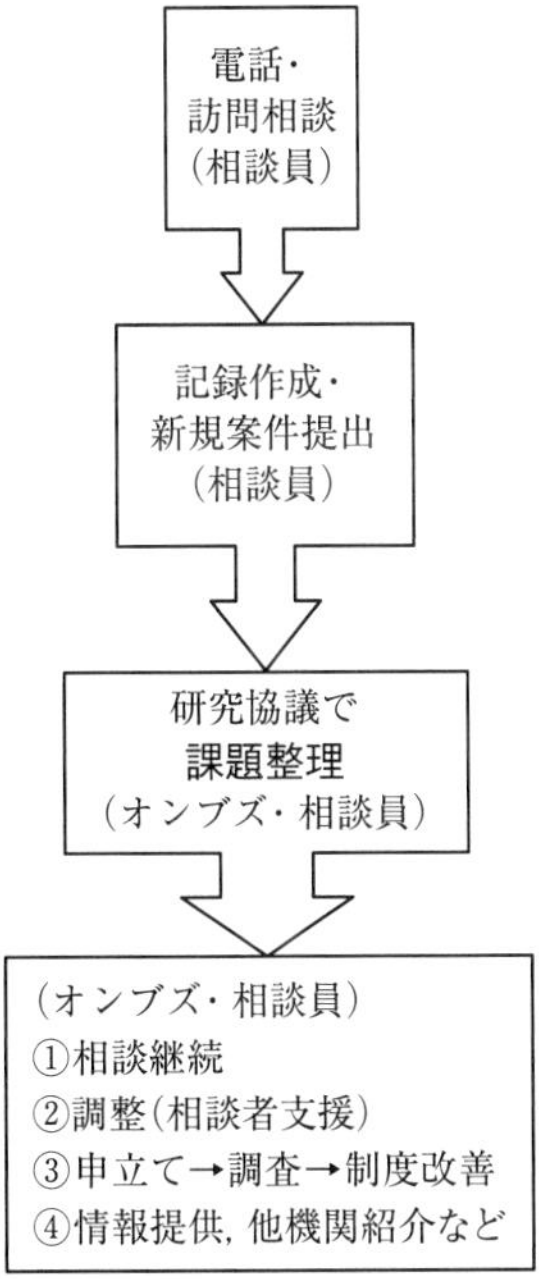


図 1–3　個別救済の流れ

## 研究協議と課題整理

この研究協議の目的は「課題整理」である。課題整理とは、実際にどう対応するかを考えるために何が問題になっているのかについて整理することで、いったいこの子の最善の利益は何かという哲学的な議論をも含む。

私たちは、それぞれの子どもの問題を解決するためのさまざまな可能性を話し合う。次に、具体的にどういうことを行っていくかを話し合う。子どもや関係する人々に具体策をもちかけるのか、学校に行くのか、保護者に会うのか、もっと子どもの話を聞いてみるのかなど知恵をもちより課題整理をした上で、必要に応じてもう一度子ども本人に「こういうやり方でいこうかと思うけど、どうかな?」と返す。

また、「作戦会議」と称して子どもといっしょにこれからの方向を提案したり、話し合ったりすることもよくある。

ときに子どもは、目の前の問題に傷つき不調でやりとりができなくなっていることもある。そういったケースにはより時間をかける。それぞれのケースに応じて動きは異なる。課題整理のために、私たちはさまざまな側面から知恵をもちより見極めることに集中する。専門分野の異なるオンブズや相談員がいろいろな意見を出し合うことで、たとえ難しいケースであっても、何らかの切り口がさまざまに浮かび上がる。研究協議での議論は真剣そのもので、誤解を恐れずに言えば「なんでもアリ」でもある。

さまざまなアイデアで子どもと子どもをとりまく関係に働きかけることを試みる。ひとりで対応するには難し過ぎる案件にも必ず支え合ってチームで対応するため、柔軟さと許容力が与えられる。

## チームで働くということ

オンブズ事務局といえども、ときに内部のチームワークが上手くいかないこともないわけではない。子どもへの対応に懸命な人々が揃っているからこそ、お互いにぶつかることもある。そこで、内部の相談員のチームワークを調整することも、条例には書かれていないがオンブズの大切な「裏」の仕事だ。

子どもの気持ちをじっくり聞く相談員の、その気持ちをじっくり聞くのはオンブズの役割なのだ。納得し合ったり、折り合ったり、許し合ったりしつつ、チームが再び協働できるようにしていく。

そのオンブズもまた、個人プレーで働くことは困難だ。ケースにより、オンブズ三人で揃って担当したり、サポート役に入ったり、臨機応変に協働し互いに徹底的に支援し合う。相談員に助けられ、事務局に支えられ、チームは力を与えられる。

相談員のほかに「専門員」が複数名(六名以上)いる。この人たちはオンブズの〝知恵袋〟であり、オンブズ経験者を中心に現オンブズの意見を参考に、任用される。小児精神科医や教職員OBもいる。教職員OBは市内のいろいろな学校のことを理解しており経験も豊かなので、その知恵袋にサポートしてもらい、個々のケースに対応することもある。

## 「ともかく話を聞いてもらいたい」

頭から怒鳴りつけられて腹が立ち、先生に当たってしまったというある中学生は、同じ言葉でも、ある先生から言われると「そうだな」と思うけれど、別の先生から言われると言葉は同じでも「私を遮断しているような気がする」と話す。

人は、自分に余裕がなくなっているときは攻撃的になる。子どもも同じだ。にもかかわらず、多くの学校では、子どもが思いがけず攻撃的になってしまったとき、それには理由があるにもかかわらず、その場でその子どもが話したがっている大事なことを聞いてもらえていない。「指導」だけで終わっている。

子どもがとんでもないことをやらかしたとき、指導は必要だろう。しかしそのとき、子どもが一番願っているのは、まず自分の話も聞いてもらいたいということでもある。オン

川西オンブズの思想

子どもの意見をスタートに，
敵対するのではなく，対話を重ね，
関係に働きかけ，衝突を解決するために，
子どもの傍らに立つ．

ブズパーソンにつながり、SOSを発している子どもからじっくり話を聞くと、多くの子どもが一番大事なことを聞いてもらっていないと言う。彼らの願いでもっとも強いのが「ともかく話を聞いてもらいたい」。その一点なのだ。

これまで紹介してきたように、オンブズは緊張しきっている関係に、じっくり何度も働きかける。すると、少しずつ子どものまわりのきつくなっている関係がゆるんでくる。

たとえオンブズでも子どもに不信感をもたれたら、その子どもとのつながりが途切れてしまう。これがチーム全員が一番落ち込むときだ。子どもの気持ちを聞けずにケースを検討することは、暗闇で方向性を手さぐりすることになるからだ。

私たちは、決して子どもの気持ちを聞く前に「どうしてこんなことしたの？」と責めることはしない。まだ信頼関係が充分でない子どもには、その子が興味のあることから話し始める。相談員は、カードゲーム、パソコン、野球など、子どもが好きなことを共有しながら仲良くなる。

たとえ仲良くなっても、子どもにとって話しづらいことはある。信頼関係をつくり、いっしょに考えさせてもらう場をつくるように心がけていく。そのためには時間がかかる。忍耐が必要だ。子どもとの相互理解が深まると、言葉は弾み、ときに友達同士のようになって、ボケたりつっこんだりしながら自由にやりとりを行い、話を聞かせてもらうことができるようになる。

子どもオンブズはいわゆる指摘型のオンブズではない。働きかける対象と対立的になったり、キレたりすることはオンブズはしない。対話で解決する方法に徹する。

子どもの気持ちを聞きながら関係に働きかけるとは、必ずしも合理的でない方法と思われるかもしれない。しかし、川西市では現実にそれが「制度」としてうまく機能している。子どもの権利を支える「意見表明の思想」が「制度」として成立しているのだ。

次の章からは、子ども中心に解決する実際はどんな具合かということをできるだけ具体的に紹介したい。

# 第二章　関係に働きかける

## ——関係再生職人チームの仕事——

「うまく説明できないけれど、学校に行くのが辛い」

## 1　どのように関係に働きかけるのか

### 川西オンブズの特徴

全国の子どもの相談を受けている機関の中でも、川西市子どもの人権オンブズパーソンには珍しい特徴がいくつかある。

一点目が、単なる相談機関ではなく個別救済を実施していく機関であるということ。相談は入り口だ。話を聞くだけで子どもに力が戻ることも多いが、問題の解決には、不全になっている関係に具体的に働きかけることが必要である。

二点目は、徹底的に「子ども中心」であるということ。

保護者からの相談であっても、子ども自身に会い、その気持ちを聞くということが基本だ。子どもが力を失っていたりして直接会えないときには、解決へのプロセスは進みにくくなる。しかし、子どもの声を受け取ったら、仕事は早い。子ども自身と相談しながら、どの関係に働きかけるかを考えながら、関係する人々にオンブズは会いに行く。

三点目は、知恵を集める「研究協議」の存在だ。

ほかの個別救済機関の中には、相談員が中心となってケースの判断をしているところもあるようだが、前章で見たように川西市のオンブズパーソンでは毎週時間をかけ、オンブズチーム全員の話し合いにより子どもをめぐる課題の整理をする。

整理する前に、まず全員のアイデアや小さな思いつきに至るまでさまざまな解決の可能性を出し合う。他機関と連携を図ったり、市外の機関や人からのアドバイスを借り受けることも含め、できうる限り子どもをサポートしていこうとする。

子どもの気持ちや個人情報については、公的な機関と連携する場合であっても、子ども本人に確認してからでないとほかの機関に伝えることはしない。保護者に対しても、子どもの情報を勝手には伝えない。その方法はユニークなので、他機関には理解してもらえるようにていねいに話をする。これもまた川西市のオンブズパーソンの珍しい点だろう。他機関との連携か子ども中心か、という選択よりもむしろ、子ども中心のまわりに他機関との連携があると、私たちが考えているからだ。

## 関係に働きかける

これまでも述べてきたように、問題を解決するために私たちの活動でもっともエネルギーを割いていることが「関係に働きかける」ということだ。子どもへの指導でもなく、カウンセリングでもない。

力を失っている人にとって、当事者を叱咤激励するよりも、当事者とうまくいかなくなっている人々との「関係に働きかける」ということがとても効果的であると、経験を通して分かってきた。

私たちの社会はともすれば、トラブルを起こしたり巻き込まれたりした本人を指導したり励ましたりと、当事者にばかり力をつけようと対応しがちだ。しかし、そういった対応だけをしたところで、すっかり力を失っている人は急には意欲を取り戻せないし、むしろそうがんばれない自分が情けなく辛くなってしまう。「なんとかがんばって乗り切ろう」とか、「本人の問題だ」とか、「自己責任だ」といった言葉や考え方の数々が、まったくもって辛い状況におかれている本人の気持ちを理解しようとしていないということが、子どもの話を聞いていると明らかになってきた。

私たちが力を失っている子どもや大人の傍らで気づかされたことは、人が生きる力を取り戻すために、本人ばかりを励ますよりもむしろ、本人が力を失う元になっている関係に働きかけつつ、その関係が回復するよう支援することがもっとも有効だということなのだ。「関係に働きかける」。そのためにこそ、当事者である子どもの声を聞くことが大切になる。

## 方法が知りたい

マニュアルなどに従い、大人が判断して子どもを救済する従来のやり方では、子ども本人の気持ちが充分聞かれていないこともあるのではないか。子どもにとっては「救済」と感じられていないこともあると、その限界を感じている方も多いだろう。

オンブズパーソンの仕事は個人のプライバシーに関わるため、実際のケースの扱いにはとりわけ注意深く仕事を重ねてきた。ところがそのために、実際どのように子どもを支援しているか、ほかの機関や市民が、その方法を知りたくても分からないということになってきた。

困っている子どもを中心にして解決するオンブズパーソンの方法を知ってもらいたいという「情報開示」とプライバシーへの配慮という「守秘義務」の狭間で、私たちは立ち往生してきた。個別具体的な話をせずになんとか伝える方法はないだろうか。そこで、年に一度まとめる『子どもオンブズ・レポート』に短い「案件紹介」というコーナーを、プライバシーに充分配慮した形で掲載するようにした。本書では、それらに加えてオンブズパーソンが複数扱ってきたケースを混ぜて再構成し、新しく「エピソード」として組立てたものを示すことにしたい。

以下は実際のケースではないが、私たちがどんなふうに考え実際に動いているか、子どもたちはどのように自分のケースに関わっているかなどをイメージして頂けるように紹介する。各エピソードに、関係に働きかける実際と、子どもを中心にした解決プロセスがどのように推移するかについて記した。エピソードに登場する子どもの名前はいずれも仮名である。

川西市のオンブズパーソンのエッセンスともいえる、いわば「関係再生職人チーム」の仕事の仕方について分かちもっていただきたく思う。

## 2　どのように経過するか

### ケース①　子どもと子ども――春さんの場合

春さんは中学三年生。中学に入学してすぐから、いろいろな子どもたちからいじめを受けていた。精神的な苦痛が続きとても深刻だった。もう生きていたくないと思ったこともたびたびあった。

ひとりで苦しんでいる春さんのただならぬ状況に気づいた彼女の母親は、これは何とかしなくてはいけないと学校に子どもの苦痛を伝えに行った。しかし、学校では重大なこととして受け止めてもらえていないと感じ、オンブズパーソン事務局に相談に来られた。

事務局では、母親の相談をまず相談員がじっくりうかがった。相談員は話を聞いた後、すぐにオンブズに連絡をとった。同時に、ぜひ子ども本人に会いしっかり話を聞きたいと母親に伝えた。そして、母親に子どもの許可をとってもらい、連絡先を教えてもらった。

［春さんの話を聞く］　相談員は春さんに連絡をとった。実際に出会って話を聞きたい、あなたの味方になりたいと伝え、面談の約束をすることができた。

まずは相談員が春さんと会い、話を聞いた。事実確認だけではなく、その時々にどんな気持ちだったかを聞くのがとても大切だ。いわゆる「事実」より、それ以上にそこで感じた「気持ち」が、まわりの人々にうまく伝わっていなかったことが、子どもの無力化につながっていくことが多い。そのため、オンブズチームはその気持ちを受け取り、子どもの気持ちの代弁をする役割を担うのである。また必要に応じて、子どもに向けて大人側の代弁も行う。

［議論し課題整理］　春さんの話を聞いた相談員は、面談の詳しい記録をつくり、週一回行われる研究協議で報告をした。オンブズ三人と相談員四人、専門員、事務局員のメンバーでじっくり時間をかけて話し合い、問題を分析し、そのケースに関わる課題整理をする。

春さんのケースでは、オンブズチームは二点を課題整理した。

まず、春さんが伝えきれていない気持ちの代弁をしに学校に行くこと。次に、受験が近づくにつれ、クラスの子どもたちの人間関係が不安定になっていることも視野に入れ、いじめ状況に対しても、孤軍奮闘しているであろう担任をサポートしようと考えた。

［春さんに提案］　春さんとオンブズが面談をした。彼女は今までの辛かった気持ちや体験を具体的に教えてくれた。また、担任の先生を信頼しているから、たとえいじめがあって

も学校に行くと話してくれた。オンブズとしては、その気持ちを担任に届け、さらに学校に働きかけたいという提案をした。春さんはオンブズの話をしっかり聞き、了解してくれた。

［親・教職員を支援］　相談員チーフが校長先生に連絡をとり、研究協議で決めた担当オンブズが学校に赴いた。春さんの代弁をしながら、これからの方向性を担任や学年主任の先生も交えていっしょに相談した。先生方は春さんの気持ちをきちんと受け取めてくれた。

学校では、クラスの子ども関係の状況や教職員の春さんへの思いを聞き、一度持ち帰って、今度はオンブズが春さんに先生はこんなふうに思っておられるよと、教職員の思いを代弁した。

［関係をつくりなおす］　オンブズの提案を受けて学校では、春さんを支援する態勢が取られた。春さんが信頼する数名の先生方との連携で、彼女にさりげなく声をかける方法は春さんを力づけた。関係が少し変わると、春さんをとりまく子ども関係にも変化がみられた。数か月でクラスの子ども関係の緊張がゆるみ始めたのだ。

春さんにとって「今日もいやなことはされなかった」という日が続くようになり、生きていたくないと思うほどに厳しかった人間関係が改善の方向に動き、やがて春さんは安心して学校生活を送れるようになった。春さんの保護者の学校に対する不信感や無力感も大幅に軽減された。

ふたたびオンブズは春さんに会い、その後の様子を聞いた。春さんはすっかり元気を取り戻し、滞っていた学習にもだいぶ集中できるようになっていた。また、困ったことがあればオンブズはいつでも相談にのると伝え、一連の案件を終結した。

相談を受けてから、半年ほどの間のできごとだった。

## ケース②　子どもと学校――夏樹くんの場合

「学校がいやで行きたくないんだ。だけど、親は無理矢理にでも登校させようとするので、よけいにしんどくなってどうしたらいいか分からない」と小学生の夏樹くんから電話があった。

[夏樹くんの話を聞く]　事務局にやってきた夏樹くんと相談員が会い、話を聞かせてもらった。

「学校に行くのがしんどくなってきた。とりたてての理由は自分でも分からない。担任の先生も優しくていい人だ。でも、うまく説明できないけれど、学校に行くのが辛い」。

「学校を休むようになってから、街で会う子どもの目が気になるようになってきた。だから、だんだんと外に出にくくなり、自宅でゲームをして過ごす時間が増えてきた。でも、自分としてはその生活で落ち着いている」と夏樹くんは話した。

［議論し課題整理］　いじめや教職員との関係がうまくいかない関係不全などとは異なって、ただひたすら学校に行くのが辛いという子どもがいる。本人にさえうまく説明できないでいるその気持ちをどう理解しようかと、私たちは研究協議で話し合う。

社会が抱える競争や効率重視の価値観が、個人にじわじわと押し寄せてきて、学校をとりまく大人や子どもたちに知らない間に内面化されているように思われる。敏感な子どもは、理由が自分でもよく分からないけれど、なんともキツくて学校に行けないというケースが見受けられるのだ。

オンブズは学校に行かないよう積極的に勧めることはないが、体調が悪くなるほど命懸けで行くことはないから少し休んでみるかな、と考える。同時に、子どもは育つ上でさまざまな人間関係を必要としているため、自宅で保護者だけと過ごす日々が続くことは、「子どもの最善の利益」にそぐわないとも考える。

［夏樹くんに提案］　オンブズが夏樹くんと会い、いずれ学校に戻れるように、当面はどの

ように過ごすかを相談することになった。自宅にいる生活が落ち着くのかもしれないが、いろいろな人々と出会うのも悪くないことをオンブズから話した。行政機関や市民に連絡をして、地域で参加できそうなプログラムや情報を相談員が集め、夏樹くんに向いていそうなものを紹介し、参加を勧めたりもした。

［親・教職員を支援］　夏樹くんの許可を得て、担任や学年の先生方とも相談することにした。オンブズは学校に出向き、彼の今の気持ちを担任に伝えた。先生方は、学校に来ることがどうしても難しいことは分かるけれど、学習が遅れてしまうのではないか心配だとオンブズに相談し、これまでの経験から対応を教えてほしいと尋ねた。

そこで、オンブズがそれまで関わってきた不登校の子どもたちは、自分の居場所をしっかりと取り戻したら、それまで手に着かなかった学習にも自分のペースで取り組むようになっていくことも多いと伝えると、「そこが一番迷っていたところです。安心しました」との先生の答えだった。

子どもの生きるペースは尊重したいが、学習が遅れるとその子にとってもっとたいへんになるのではないかと、まわりの教職員や保護者は悩む。けれど、子どもは気持ちが安定したら、自分に必要なものはその都度学んでいく。まず大切なのは、その子の気持ちが安心を取り戻すことに尽きる。

　私たちは夏樹くんのことを心配している担任の思いを聞き、夏樹くんにその気持ちを届けた。オンブズを通して、滞っていた関係が通り、気持ちがつながる。

　親は子どもが学校に行かなくなると不安になって当然だ。わが子はどうしてこんなにぐずぐずしているのだろう、気持ちが切り替えられないのだろうと、大人は自分のことを棚にあげ、子どもにイライラとする。大人も案外そう強くないし、それでいいと思うのだ、親以外の誰かが傍にいる限り。

　オンブズはその後も夏樹くんのご両親と何度か面談を重ね、子どもの気持ちを説明しながら、これからを探る方法もあることを伝えた。保護者の不安は徐々に落ち着き、自宅で夏樹くんを力づける態勢をとってもらえるようになった。

［関係をつくりなおす］　そのころ夏樹くんは、すぐには学校には行けそうもないけれど、学校以外の場所になら行きたいと思っていた。

　事務局が見つけた地域での居場所（民間の不登校の子どものための居場所など）に行くのに、ひとりで出向くのは不安そうだった夏樹くんに、相談員も付き添った。いっしょに自転車で行ったり、駅で待ち合わせたりするうちに、夏樹くんは少しずつ自宅から出ることも自由になり始めた。

それまで夏樹くんは一日のほとんどを家の中に引きこもって過ごしていたが、相談員への信頼と支援をきっかけに、今では同年代や異年齢の子どもたちと少しずつ交流するようになっている。

## ケース③　子どもと家庭――秋実さんの場合

小学生の秋実さんは、家出などの問題行動を繰り返していた。学年の教職員が連絡されてきて、もう市役所は閉まった時間に揃って事務局に相談にいらした。

学校では、家出などのたびに指導一辺倒ではない、できるだけ秋実さんに寄り添った対応をしてきたとのこと。けれど、彼女の背景にある複雑な家庭の問題にどう関わったらいいかがとても悩ましいという相談だった。

［秋実さんの話を聞く］　相談員数名がオンブズパーソンの広報活動という名目で、秋実さんのクラスを訪問させていただいた。そこで、秋実さんにも声をかけ仲良くなり、何か困っていることがあったらおしゃべりに来てねと伝えた。

やがて秋実さんから事務局に話をしに来てくれ、うまく相談につながった。秋実さんは、相談したくてもきっかけをつかめず、自分の悩みを誰にも打ち明けることができないでいた。秋実さんは、自分が抱えている大人に対する複雑な気持ちを仲良くなった相談員に話してくれた。

［議論し課題整理］　彼女は、親や祖父母との関係にしんどい思いを抱えていた。また、生活に困窮している親の暮らし方により、自分も落ち着かずに過ごしていた。どこにいても気持ちがなかなか安らげなかったのだ。そこでオンブズは、秋実さんの思っていることを彼女の親に伝え、親の生活状況に関しても、行政や地域の社会資源を使いながらサポートする方法を提案しようと考えた。

［秋実さんに提案］　オンブズは秋実さんに会い、彼女の気持ちを親に伝え理解してもらうように支援したいと話した。彼女はそれに同意した上で、オンブズに傍にいてもらったら、自分でも親に話したいと言ってくれた。そこで、時期をみて秋実さんと親がゆっくり話せる時間を設定することにした。

［親・教職員を支援］　オンブズは、秋実さんの学校の先生方、親とも会い、話をじっくりと聞いた。

親には、親自身がおかれている状況や気持ちを聞いた上で、秋実さんの抱えている複雑な思いを説明し、彼女の気持ちを理解してもらうようにお願いした。

親の気持ちとしては、秋実さんに対する不安と希望、学校に対する不信が寄せられた。そこでオンブズは、学校の先生方がいかに秋実さんのことを心配しており、それまでどんなふうに学年全体で秋実さんを支援してきたかを親に伝えた。

いっぽうで、オンブズは学校にも出向き、親の学校への思いを伝え、秋実さんや彼女をとりまく状況への親の理解が広がり、事態が進展している状況を報告した。それぞれの相手に気持ちを伝える橋渡しをしたのである。

さらにオンブズは、行政の生活サポートに関するいくつかの方法を親に紹介した。相談員は、親が福祉の部署に相談に行くときには同行し、その結果、親は行政リポートにつながることができた。

[関係をつくりなおす]　オンブズがそれぞれの関係に働きかけるにつれ、秋実さんは徐々に力を取り戻していった。ときがきて、オンブズ同伴で親に自分の気持ちを伝えることができ、その場で親との理解が深まったことに秋実さんは気づいた。彼女は居場所を取り戻してだんだんと落ち着きも取り戻し、親と学校の信頼関係もすっかり回復した。

## 3　個別救済の「技」

### 子ども中心に解決すること

右で紹介した三つのエピソードのように、オンブズパーソンが行う「関係調整」は、関係に働きかけ、事態が動くというプロセスである。

子どものSOSを受けて発動する段階としては、①子どもの話を聞く→②議論し課題整理→③子どもに提案→④親・教職員支援→⑤関係をつくりなおす、という順序で説明ができる。

子どもに関わりのある大人(教職員や保護者など)に、オンブズは子どもの気持ちを届け、対話を重ね、子どもにとって少しでも安心できる人間関係がつくりなおされていくように働きかける。

世の中には「子どもの権利」＝「子どもを甘やかす」と誤解している人がまだいる。しかし、これまでオンブズの経験を通して子どもと向き合ってきて、子どもを甘やかしたり、子どもの言いなりになるということはない。子どもの話を聞いてみると、大人からみたら

「わがまま」な意見が含まれるときもある。同時に、なるほどと納得できる話もずいぶんあるのだ。

子どもは、そして大人でも自分の思いをしっかり聞いてもらえると、人として尊重されていると感じる。存在を認められていると実感できたら、相手のことも尊重できるようになる。子どもと信頼関係ができれば、いろいろ話ができる。「わがまま」と思える意見には、「そこはどうなのかな」とこちらから問いかけ、話し合うことができる。オンブズは、子どもに共感もするが、同時に意見も伝え、子どもを信頼し普通の話し合いをする。

子ども中心に解決することがなぜ大切かというと、意見を交換し、ごく普通に対等に話し合える関係ができることにより、子どもをめぐる事態が拓かれていくからだ。とりわけ問題を起こしてしまう子どもは、相談関係という以前に、この普通に話し合える関係がなく孤立していることが多い。

### 「子どもの声をまず聞く大人の存在」を保障した制度

子どもの気持ちを無条件で受容する大人の存在があると、それは市民社会の質を保つためになかなかよい。聞かれにくい子どもの声は、実は社会にとって大事なことをつぶやいてくれていることがある。忙しい大人たちが見落とし見失っている社会の側面を、そっと教えてくれていることもある。

子どもの人権オンブズパーソンとは、いわば「子どもの声をまず聞く大人の存在を保障した制度」ということができる。この制度がよく機能するのは、子どもに信頼され、対等に話し合う関係をつくるということが、個別救済にとても大切だからだ。

考えてみると、子ども中心に関係に働きかけるという流れは、個別救済の「技」というほどのものではない。だが、子どもの話をじっくり聞くことが「技」であると、あえて言わなければならないほど、子どもは自分の気持ちを聞いてもらえていないのも事実なのだ。

### 事態を少し「マシ」にする

オンブズがこじれた人間関係の中に入れてもらい、それまで断絶や対立しているかに見えた関係に働きかけると、事態が少し深刻でなくなったり、少しゆるんだり、「マシ」になる。えっ、「マシ」になるだけ？　と思われるかもしれない。

ところが、関係が少しゆるむとあら不思議、事態は思いのほか早く好転していく場合がとても多いのだ。大人が邪魔をしない限り、子どもは自分の話を聞いてくれる存在もいたんだということで、ボチボチと、ときにメキメキと力を取り戻す。それはもう私たちが驚くほどの勢いで自分で問題を解決していく子どもがいる。

それでは次に、一連の流れの意味を「案件紹介」を用いながら、もう少し詳しく説明することにしよう。

## 4　個別救済の流れ

### 相談を受ける

それでは、個別の相談の多くはどのような内容なのだろうか。『子どもオンブズ・レポート』(2009と2010)に掲載されているいくつかの「事例紹介」を見てみよう。

• 友だちがいじわるを言ってくるからこわくて学校に行けない。自分で「やめて」とは言えない。担任に相談したが、「自分で言いなさい」と言われた。「いじわるを言う友だちに『やめて』と自分だけでは言えない気持ちを担任に伝えてみる」ということで相談を終了。

（小学校低学年）

・新しい友達と仲良くすると、前から仲良くしていた子どもから、いじわるをされるようになった。話を聞くなかで、相手に「しないで」と言えたこと、「新しい友達ができたけど、○ちゃんのことがきらいになったわけじゃないよ」と気持ちを伝えたことを一緒に肯定的に受けとめた。いじわるが続くなら担任に相談することで電話を終了した。

（小学生高学年）

大人も同様なのだろうが、子どもの相談内容の多くは人間関係に関するものだ。それも「交友関係の悩み」で子どもは困っている。人間関係というのはやっかいで悩ましく、それでいてとても面白いものでもある。

「いじわる」と一言で言っても、言った相手にはそう悪気がなかったり、逆に言った相手もほかの誰かに実は追い詰められていることもある。関係は別の関係とも関わっているもので、たどっていくとどこまでも、ということになりかねないと感じることもある。

個別のケースを検討していく中で、オンブズが親にも学校にもと、複数の関係に働きかける必要が出てくるということもたびたび起こってくる。そうなると、オンブズは大忙しだ。実際、研究協議以外に、毎週のようにどこかに出向いたり、面談したりして、さまざまな関係に働きかけている。

## 「しのぐ」ための提案

子どもは勉強以外にもがんばらなければならないことをたくさん要求されていて、面談の日程調整をするとき、彼らのスケジュールの過密さに、ため息がこぼれることもある。面談では、子どもができるだけ自分でその状況を改善したり、しのげるように話を聞き、アドバイスをしたり、子どもには見えていない方法を提案したりする。

「マシ」に続いて、「しのぐ」という言葉が出てきた。関係は、エイヤッと一気に変わるものではない。少しずつゆるむことで、新しくなっていく。そのためのささやかなステップが、現実には大切だ。だからこそ「マシ」や「しのぐ」が、それから後のゆるやかな改善の動きにつながる。

こちらからのアドバイスを待つまでもなく、話をじっくり聞いているうちに自分で方法を見つけ出していく子どももいる。

次は、中学生たちが数名で相談に来てくれたケースだ。小学校高学年や中学生ともなると、友達同士で事務局にやってきてくれることもよくある。

・「部活の顧問との関係に困っている」と同じ部活の子どもたちからの電話相談。顧問の先生が自分たちを子どもだと思って嫌なことを言ってきたり、試合に出さないという脅しをかけてきたりするので、安心して部活に行けない。自分たちの学年だけ差別されている。困っている状況について、また自分たちがイメージする状況改善について、もう一度仲間で話し合ってみることになった。(中学生複数)

オンブズパーソンは利害関係のない第三者であるがゆえに、じっくり話を聞くことができる。忙し過ぎる教職員や保護者にはそのような余裕がないことも多い。

オンブズパーソンでは、「どんなコトがあったか」という事実確認だけでなく、そこで子どもは「どんな気持ちになったか」という方に注目する。そのときに感じた気持ちを自分で抱えきれなくなった子どもは、どうしようもなくただ佇んでいたり、ひどいときには攻撃的になったり、逆に自傷行為に及んだりすることがある。これは、大人も同じである。

・学校の休み時間に、備え付けの公衆電話から相談があった。担任の先生から、班で作業していると、他の班と比較して「お前らのところはダメだ」と言われた。納得いかず、くやしくて、とても腹が立っているという内容だった。短い時間だったが、とにかく怒っている気持ちを聞くことで、「次の授業には出てくるよ」と気持ちを切り替えることができた。

（小学生高学年）

このケースでは「納得がいかなくてくやしい」という、怒っている気持ちを聞いてもらうことで子どもは次の場面に行くことができた。電話であっても子どもの話をしっかり聞くと、本人に力が戻っていくこともたくさんある。しかし、子どもの気持ちを聞いただけではどうにもならないような、関係に困難を抱えているケースではオンブズの出番だ。

**相談員からオンブズへ**

電話を受けた相談員は、話を聞くだけでは解決しない、関係に働きかける必要があるケースの場合は、子どもの話を記録し、三名のオンブズに課題整理をゆだね、研究協議の場で全員で話し合う。

相談員に子どもが充分話してくれている場合、記録と相談員の報告を通して、課題整理は進めやすくなる。何が起こったかだけでなく、子どもは今どんな気持ちで力を奪われているかを把握しやすいからだ。そこが整理されると、オンブズはどの関係に働きかけたらよいかが分かる。

## 子どもに提案

研究協議の場で課題を整理し、子どもの気持ちに添って、働きかける関係はどこなのかを見極める。当事者である子どもと対象の「関係」に働きかける。対象だけに働きかけるとは考えない。そこで、その働きかけたい関係、たとえば学校の教職員や保護者に対して、子どもの気持ちを伝えに行くことを考える。

その前にまずオンブズが子どもに会う。ときに、事務局のパンフレットの写真を見せ、どのオンブズがいい？　と子どもに聞くこともある。まるで「ご指名」されているようだが、男のオンブズはイヤだとか、逆に男性がいいとか、子どもにもそれぞれに自分の希望や事情がある。

子どもからそこそこ信頼できる大人だと思ってもらうことは、オンブズにとっては大切なことなので、オンブズたちは張り切る。ただ、実際に行っていることは、子どもと対等にのびやかに話すようにしているだけの気もする。

子どもに研究協議で課題整理したことを伝える。子どもが自分の気持ちを伝えに行くのに、場合によってはオンブズが付き添う提案を行うこともある。また、自分の意見を直接伝えるには力が整わない場合には、手紙で伝えたり、オンブズが代弁するなどのいくつか選択肢を準備して子どもにもちかけることもある。

それぞれの作戦を子どもと話し合う。

オンブズが子どもの代弁をするときは、あなたの気持ちを届けたい、いっしょに考えてもらうように大人にもちかけたい、と関係に働きかけることを子どもに理解してもらう。作戦を提案して子どもも了解してくれたら、オンブズチームは動きを開始する。

## 責任追及でなく理解を求める

さて、子どもへの「加害者」になってしまった大人への支援のポイントは、次の点だ。オンブズは、加害側に責任を追及しにいくのではないということ。むしろ、加害側に理解を求めに出向く。この子どもは今こんなふうに感じているということを伝えに行く。

思いがけず加害の側に立ってしまった大人にも当然言い分がある。今度は、オンブズは大人の気持ちをよく聞き、子どもに大人の気持ちを届けに戻る。ケースに応じて、何度もやりとりを重ね、時間をかけて双方の話を聞きながら、互いの緊張を解きほぐすよう努める。多いときは、数十回になることもある。

大人は毎日なんだかんだと忙しく暮らしている。大人は自分たちが今まで生きてきた経験で、いろいろなことを簡単に判断しがちだ。慌ただしい大人の生活や仕事にとっては、それが必要であったりもする。

しかし、子どもの時間は、大人のそれとは異なる。また、同じであってはならないとも思う。子どもはいろいろな友だちや生き物と遊び戯れながら、喧嘩しぶつかりながら、人としての優しさや、思い切って意見を言う勢いや、ぐっと我慢する強さなど、さまざまなことを学んで自分のものにしていく。そのためには、なにより友だちとの時間が必要なのだ。

## 悪者をつくらない

私たち大人は、大人のペースで子どものことを判断して勝手に動いたり、指示してしまったりしがちだ。子どもをめぐる関係がうまくいっているときは、それはどうということはない。しかし、いったん子どもをとりまく関係がうまくいかなくなると、子どもは立ち往生してしまう。そして、立ち往生するのはとても健全なことでもある。無理に進んでしまったら、ほかの大切な関係や自分自身までもが壊れてしまうこともあるからだ。

　そこで私たちは、困っている子どもの気持ちを受け止めながら、立ち往生するのも悪くないことを伝え、関係に働きかけ調整することになる。

　述べたように、そのとき加害の側に回ってしまった大人を責め、責任を追及することはない。うまく子どもの話を聞くことができなかった理由が、大人の側にもあるはずだからだ。

　大人の理由を聞くと、大人ものっぴきならない状況にあると分かってくることもある。子どもへの理解を求めに大人に会いにいくのだが、むしろ子どもと関係がうまくいかなくなっている大人の側への支援が必要になることも多い。

　働きかけた大人がとても攻撃的になってしまっていて、子どもの気持ちをなかなか理解してくれないこともある。どうして分かってくれないのだろうと、オンブズチーム全体が途方にくれることもケースによってはある。

しかし、だ。子どもの個別救済をする中で、誰か悪者をつくるということがあってはならないと、私は考えている。子どもの気持ちを理解できないくらい余裕のない状況になぜ大人が置かれているのかを考えると、その社会的な構造が浮き彫りになってくることが多いからだ。

誰かを糾弾するのではなく関係を修復するという点は、オンブズパーソンの思想的な持ち味ともいえる。

## 「虐待ではないか?」——親子の出会い直しをサポート

あるとき市民から、「家庭で虐待を受けているのではないか」という連絡があった。オンブズパーソンは、当事者である子どもや親にアプローチを試み、個別支援が展開された。ケースの入り口では、「虐待」として認識されていたものが、実際に調整活動を始めて見えてきたのは、地域で相談相手もなく子育てに孤軍奮闘している母親の姿だった。子どものためにと思い、一生懸命になり過ぎて、かえって子どもを追い詰めてしまっていた。オンブズパーソンは子どもや親とつながって、それぞれゆっくり話を聞いた。

また、オンブズパーソンが立ち会う中で、親と子がお互いの気持ちを率直に伝え合い、受けとめ合う場面があった。このような親子の出会い直しによって相互理解が深まり、親子関係の修復が図られていった。

オンブズパーソンが市の関係機関と連携しながら、「虐待通報」を契機に子どもや親を具体的に支援することができたのは、活動開始から九年が経ってからのことだ。市民や行政機関との信頼関係を拡げるためには、一定の活動年数が必要だと感じる。

## 大人を支援することの意味

懸命に子どものことを考えるいわゆる「熱血先生」なのに、あまりに子どものことを考えて熱くなり過ぎ、つい不用意な言葉を発してしまうという先生もいる。それを、先生の個人の問題だけにしていいのだろうか。

なぜその先生がそのように懸命にならなければならなかったか、なぜそこまで余裕がなくなっているかに目を向ける必要があるのではないか。

このように考えてくると、個別救済であっても社会の問題に、オンブズパーソン活動は直面することになる。研究協議においても、しばしば社会の構造についての議論になる。このあたりは、次章でじっくり考えたい。

また、生活が困窮して、子どもの話を聞くどころではなくなっている親には、心構えを正してもらい、子どもの話を聞いてもらうように働きかけるだけというのは現実的ではない。前のエピソードでも見たように、そういったケースでは、たとえば親への経済的な行政支援への橋渡しを行う。

できるだけ親が安心できる方法を探し、ほかの行政部署と連携をする。その上で、親との信頼関係をつくりながら、子どもの気持ちを聞いてもらえるように努める。行政の部署により、子どもや親へのまなざしは異なる。保育所の対応がとても行き届いている場合は、その価値観をほかの部署にも共有してもらいたいと、ひとりの子どものケースに関わるすべての部署に集まってもらい、指導的でなく「子ども中心」の方法論の共有化を図る。「判断より理解」の方法である。

親の働き先はないか、地域の子育てネットワーク、趣味の居場所はないか、と大人を支援するさまざまな場を探すこともある。

次の相談は、事務局を訪問してくれた保育士からのものだ。

・「行動が激しい園児がおり、どう関わっていけばよいか悩んでいる。保護者との関係でも苦労している」との相談。相談員は話を聴きながら、子どもの気持ちについて一緒に考えた。また、保護者も子育てに悩んでいるのではないかと伝えた。その後、オンブズパーソンとの面談では、他の保護者に協力を求めることの重要性を確認し、保護者同士の関係をつないでいく方法について一緒に考えた。

（保育士）

相談員から連絡を受けた私は話を聞き、保育士だけでとてもがんばっていることを知り、保護者同士をつなぐ提案をした。空いている保育室にコタツをおいて、みかんでもいっしょに食べる場所づくりを、などというアイデアも出した。その後の支援で、その保護者を支える人の輪が広がり、保育士は少し楽になってきた。

ここまでで第一章であえて用いた、支援のためには「なんでもアリ」ということが少しは伝わっただろうか。近代以降、それまで地域や共同体や大家族が担ってきた安心した関係が急速に失われてきており、オンブズパーソンは子どものみならず、大人を支援するためにその資源を探すことになっているのだろう。

## 関係がつくりなおされていく

もう一度強調しておこう。私たちはこのように考えている。ひどくなっている事態が深刻にならなければ、それでいい。関係が悪くなっている相手の許容度が少し「マシ」になれば、それでいい。関係の尖った感じが少しゆるめば、それでいい。消極的に思われるだろうか。しかし、少し「マシ」になるとか、少しゆるむと、すべての関係に影響が出てくるということを何度でも強調しておきたい。そこで、関係は徐々に、そしてダイナミックに、つくりなおされていく。

# 第三章　社会に働きかける

——個別救済を社会につなぐ——

「もう慣れたからいいい、あと何年か耐えればいい」

## 1　「声」が社会の質を高める

### 「現場」から「社会」へ拓いていく

小さな「声」をどう聞くのか。それがますます問われる時代になる。ひとりの声は誰かの役に立つ。これまで聞かれていなかった声をすくいとり、その経験を積み重ねることで、社会の質、信頼が高まるという循環が生まれる。では、その声をどのように社会につないだらよいのだろうか。

問題解決のために、いわゆる相談機関は個別のケースに関わるのが精一杯で、社会へ向けての発信にまでは踏み出しにくい。個人の困難への対応と、制度や社会の問題への取り組みはつながっている。しかし、このつながりは人々にはなかなか認識されにくい。

個別救済の機関が社会へひとりの声を届けるのは簡単ではない。だからこそ、よりいに個人の問題を社会の問題につなぐ必要性に注目が集まっている（湯浅誠・河添誠編『「生きづらさ」の臨界——〝溜め〟のある社会へ』）。

なぜ簡単ではないのだろうか。それは、各相談機関は個別救済プラスαの余力を持つことが難しいということに加え、直接に社会につなぐ方法を持っていないという点がある。しかし、川西市のオンブズパーソン条例は個別のケースを社会へつなぐ方法をも備えて設計された制度である。

それでは、具体的にはどのような問題が制度の改善にまでつなげられているのだろうか。前章までに紹介してきた活動は、おもに直接関係に働きかける調整活動である。オンブズパーソンの第三者性が一番生きるのがこの調整活動である。たとえば、子どもと保護者の双方に働きかける親子間調整も、要請があり必要と判断したときは行う。

しかし、「調整」のほかに「調査」という、制度改善までも視野に入れた活動もある。ひとりの子どもの救済を通じて、何が子どもをとりまく問題になっているか、それに対してオンブズパーソンは意見を述べる。オンブズパーソンの意見は、制度の改善にまで影響を与えることができ、そのことは条例に定められている。ひとりの子どもの声が、制度を変えるのである。

## 申立てによる「調査」の実際

オンブズパーソンの調査は、相談者の子どもや保護者などから「申立て」を受け付けて実施する場合が基本である。

オンブズが申立てを審査し、その内容が「子どもの人権に関わる事項」であって、「子どもの人権侵害の救済に関すること」など条例第六条の要件に当てはまると認められる場合には、調査を実施することができる。

条例は、オンブズに調査権、勧告および意見表明権を与えているため、学校や教育委員会など市の機関はオンブズに積極的に協力することが規定されている。そのため、市の機関は常に協力姿勢をとってくれている。

良好な連携を築くため、オンブズは普段から市の関係機関とは顔の見える関係をつくっておくように努めている。当初、市の機関にとって第三者機関への協力には戸惑いがあった。しかし、制度に裏づけられているだけではなく、オンブズ側が上から目線ではなくぜひ協力関係を結んでもらいたいと表現することで、機関相互の連携は機能しうるのである。そもそもどの機関も、子どもの最善を願っていることに変わりはない。その説明が重要になる。

さて、「調査」という名目にはなっているが、その内容は「聞き取り」が中心だ。聞き取りをしながら、関係する機関や個人との相互理解を深める。

調査の目的は当事者である「子どもの最善の利益」の確保だ。解決のプロセスで、関係する人たちが対立しないで建設的に対話できるように支援していく。

申立て一件につき、関係者や子どもへの聞き取りをすべて合計すると五〇回以上のやりとりを行うこともある。たとえば、二〇一〇年は「申立て」を二件受け付けた。ひとつのケースに必要ならば何度も関わることが許されるという恵まれた状況にオンブズパーソンはある。制度に支えられた上で、スタッフとして熱意のある働き手をえると機能するという状況は、全国的に共有される価値があるのではないか。

## 子どもの権利は「関係的」

「調査」の結果は、公益確保のためオンブズパーソンが総意において必要を認め、個人情報の保護について最大限の配慮をした上で、公表することができる（条例第一六・一八条）。

そこで、硬い文章なのだが、制度改善を求める文書の実際を知っていただくために、以下では『子どもオンブズ・レポート』に掲載されている具体的な「申立て」ケースを引用しよう。

【ケース1】　小学校の学校給食における食物アレルギー対応に関する問題

申立人：保護者

申立て趣旨：

①当該子どもは、卵、牛乳、小麦などに食物アレルギーがあり、過去にアナフィラキシーショック(重篤な場合には生命の危機もあるショック症状)に陥ったこともあったので、小学校入学前に、学校給食に関する個別的対応をお願いするため、当該学校と話し合いをもった。当該学校としては、給食の中で食べられる物の配膳や家庭から持参した弁当等の保管などについて、現状では担任が配慮をする以上の個別的対応は困難との回答であった。よって、当該子どもの給食にアレルゲン食材が混入してしまった場合に、重大な健康被害が発生するかもしれないという不安が残る。

②現状では川西市の学校給食におけるアレルギー対応への統一的な仕組み(除去食

を含むアレルギー対応）が十分にできていないので、食物アレルギーをもつ子どもが安心して給食を食べることが可能なシステムを構築してほしい。

---

調査の結果：

調査の結果、申立て事項①に関して、当該学校と申立人とのコミュニケーションが重ねられたことにより申立人の当初の不安はほぼ払拭され、当該子どもも安全かつ安心に学校生活を過ごすことができるようになった。当該学校の取り組みは、子どもの権利擁護の観点からも優れたものであると判断した。

申立て事項②に関しては、学校給食は教育の一環であることから、食物アレルギーをもつ子どもには、健康への権利に配慮した特別な給食対応（ケア）が必要であり、なおかつ他の子どもたちとともに安心して給食に参加する機会が保障される必要があるとの結論に至った。したがって、学校給食の実施主体である市教育委員会が現在の取り組みを継続しつつ、食物アレルギー対応の充実に取り組む必要があると判断した。

条例上の対処：
上記により、オンブズパーソンは、子どもの権利保障の観点から、食物アレルギーをもつ子どもが安心して学校給食を食べることができるよう、市教育委員会に対して意見表明を行なった。なお、本件については、教育委員会に対して特に措置報告を求めたものではなかったが、「すでにガイドライン作りには着手しているが、意見表明は真摯に受けとめる」旨の報告がなされた。

意見表明の趣旨：
①食物アレルギーをもつ子どもも他の子どもたちも一緒に、給食の時間を安心して楽しく過ごせることを基本方針とすること。
②上記①の方針を具体化するためには、個別対応の面では、各学校での裁量を尊重しながらも、大きな枠組みとしての指針(ガイドライン)を示すこと。(以下略)

オンブズパーソンの調査は、「調査」であっても、関係する人々に働きかけながら聞き取り調査をするために、私が傍点を記したようなことが起こる。

オンブズパーソンの調査は独特であり、判断するための「調査」というよりも、むしろ関係が少しでも改善するように働きかけていくため、「調整的調査」であると初代弁護士オンブズの瀬戸則夫氏は述べている。

オンブズパーソンの意見書では相互理解をつくることが調査過程の中心にすえられており、過去の事実の確定にそれほど重きを置いているともいえません。(略)関係者それぞれが、どう思い、どう受け止めたかの共通理解をつくるなかから、子どもの最善の利益を共同して具体化していくことが重要なのです。

(「公的子どもオンブズパーソンの四年間」『子どもオンブズ・レポート2002』)

オンブズパーソン制度の設立当初は、双方の意識を解きほぐしながら行う調整機能がこれほど重要とは想定されていなかった。いわゆる事実認定の「調査」によって紛争は解決できると考えられていた。しかし実際に扱う案件は、人間関係に関わるケースがほとんどだ。それは一刀両断の決着ではままならないことが多く、子どもも決してそれを望んでいないことが分かってきたのだ。

子どもの権利思想を専門とする法哲学者である大江洋氏は次のように述べている。


子どもの意見表明の保障は必要だが、（略）それだけで充分ではないのだ。子育てや教育内容・方法をめぐる「親―子ども―社会（政府）」の関係は、予定調和的なものではありえない、ということだ。（略）どうすることが親と子の望ましい関係なのか、社会（政府）がそこにどのような関係を保つべきなのかは、決して自明なものではない。

（大江洋『関係的権利論――子どもの権利から権利の再構成へ』）


より丁寧に当該人物自身や、本人が置かれている状況・固有性を、つまり差異を見ていこうとする発想が「子ども」の権利という定式を支えている。（同右）

オンブズパーソンの仕事における個別性、そしてそれがもっともよく調整機能と馴染むという理由はここにある。子どもの権利はあくまでも「関係的」なのだ。

一連の調査を終え、オンブズが得た見解を最終的にまとめて関係機関に提出する「意見表明」もまた、条例に規定される手続きを経て、熟慮された上で市民に公開されている。先に挙げたアレルギー問題に関する「意見表明」は、オンブズの特徴がよく表れたものだ。

第一に「食物アレルギーをもつ子どもも他の子どもたちも一緒に、給食の時間を安心して楽しく過ごせることを基本方針とすること」と記した。これは、オンブズチームが話し合って、そこを何より大事にしようとこだわった点だ。細かくマニュアル化するというよりもむしろ、給食をつくる現場の裁量にゆだね、まずは子どもたちが共に楽しく食事できる環境が第一とした。

調査の過程でたくさんの調理員から聞き取りを行い、最前線にいる調理員がアレルギーをもつ子どものためにぜひとも工夫したいといろいろ考えていることを知った。そこで、現場を知らない者が細かくマニュアル化するのではなく、「楽しく過ごせること」を基本方針として、あとは現場にゆだねることを関係者が保障してもらいたいと考えたのである。この意見表明は、いわゆる公的文書としては画期的なものと思われる。

【ケース2】　家庭の事情による出願校変更希望が拒否され、進路先が決まらない状況でも進路指導が行われなかった問題

申立人：当該子どもと保護者

申立て趣旨：

①当該子どもは、二〇〇七年二月、兵庫県公立高等学校の受験に関して、家庭等の事情により志願変更期間中に、別の高校に変えたいと担任に申し出たが、「志願変更は認めない」と拒否され、応じてもらえなかった。その際に、担任教諭は当該子どもが志願変更しようとした理由を十分に聞くことはなく、また、担任教諭が志願変更を認めない理由についても、当該子どもに対して説明が行われなかった。

②当該子どもは、当初の出願校を受験し不合格になったため、保護者が、担任教諭に連絡を入れ、私学には進学しない旨を伝えた。その後、進路先が決まらない状況が続いたが、この間学校から当該子どもへの進路指導は一切行われなかった。

調査の結果：

申立人、当該学校関係者からそれぞれ聴き取り調査を実施した。調査の結果、事実経過について、申立人と学校側が把握している内容は概ねのところ一致するものであった。しかし、申立人が志願変更を希望した理由について、学校側は十分に把握していなかった。オンブズパーソンは、当該家庭の状況や当該子どもの心情について代弁し、担任と対話を重ねた。対話をとおして申立人の心情は理解され、担任は自ら反省を深めている様子がうかがわれた。オンブズパーソンは、今回の事態を、担任個人の問題ではなく、志願変更制度について、当該学校が「『転居』等の特別な場合のみ認める」という限定的な運用をしていたことが問題であると判断した。

こうした状況を踏まえ、オンブズパーソンと市教育委員会とで意見交換を行った。市教育委員会からは、本件を教訓として、志願変更の運用や進路指導が適切に行われるよう、全ての市立中学校に対して指導し、再発防止に努めていくことが示された。

対処後の経過：
当該学校から提出された措置報告では、『兵庫県公立高等学校入学者選抜要項』について、職員全員が一層の理解を深めて進路指導を行うこと、教職員は生徒・保護者の考えをしっかり聴き、十分な話し合いをして意思疎通を図り、進路指導をしていくことが示された。
教育委員会から提出された措置報告では、市立中学校全校に対して、あらためて県の『要項』に基づき志願変更の趣旨や手続き等について周知徹底を図り、適切に運用するように指導していくことが示された。また、中学校進路指導協議会及び、中学校校長会で周知徹底を図ったとの報告を受けた。
なお、進路指導については、生徒・保護者との信頼関係をもとに、生徒が主体的に進路指導を選択・決定することができるように指導徹底していくことが示された。

このケースもまた、「調査」でありながら、極めて「調整的」であった。
オンブズは子どもの代弁を重ね、心情が理解されて事態は進展した。また、オンブズは

「今回の事態を担任個人の問題ではなく、志願変更制度について、当該学校が「『転居』等の特別な場合のみ認める」という限定的な運用をしていたことが問題であると判断した」。

「担任個人の問題ではなく」と言いきっている点に注目してほしい。

柔軟な制度がつくられているにもかかわらず、それが十分に運用できていなかったケースであり、それは忙しい現場で気づかれることはなかなかない。こういった場合、ひとりの個別ケースから状況が拓かれ、失われていたまなざしが回復し、制度が実は備えていた柔軟さが取り戻されることもある。

ほとんど使われていなかった「志願変更制度」が、この「意見表明」をきっかけに、翌年からたくさん運用されるようになった。眠っていた制度が目覚めた「制度改善」となった。

調査案件として二件をとりあげたが、いずれも個別のケースが制度改善につながったケースである。しかし、本書のタイトルである『子どもの声を社会へ』には、さらなる意味がある。

困った子どもの声を、困らせることを生み出している社会の構造に届けたいという願いが、私にはあるからだ。その構造とは何なのだろうか。次は、その構造について説明していきたい。

## 2　問題を生み出す構造と制度の限界

### 子どもの声

子どもは何に困り、その原因はどのように作られているのだろうか。その困りごとが生まれないように、子どもはどのようなことを社会に対して申し立てているのだろうか。

子どもたちと面談していると、しばらくお喋りすると子どもは安心して自分の思っていることを話してくれるようになる。「君の味方になりたい、いっしょに解決したい」と率直に伝えることで、ときに疑い深くなってしまっている子どもも徐々に心を開き、信頼を寄せてくれる。その信頼してくれる気持ちに対して失礼にならないように、オンブズは子どもの声にしっかり耳を傾ける。

小学生も中学生もたいていの子どもは、落ち着いてたんたんと話してくれる。面談していて感情的になるのは、どちらかといえば大人の方のように思われる。

子どもは、事情を自分の言葉や表現でなんとか私たちに伝えようと話してくれる。それは大抵とてもよく伝わる。ほとんどの子どもは、傷ついたときの状況を自分なりに再現して語ってくれる。彼らが率直に語る、子どもに向けられた大人の不用意な言葉や大人げない態度に、大人としてただ申し訳ないと思うことがたびたびある。同時に、大人ってヤツは情けない人間なんだよとつぶやいてしまう。以下は、面談で、実際に子どもが話してくれた言葉だ。

「注意されることが多過ぎて、よくわからないんだ」
「もう慣れたからいい、あと何年か耐えればいい」
「(大人からの)暴力は、もう過去のことだと思っているよ」

子どもが大人に戸惑い、耐え、許してくれる言葉の数々を聞く。これらの言葉を皮切りに、さまざまな人間関係の状況が語られる。圧倒的に大人の力に屈している子どもがいかに多いかという事実に何度も悲しくなる。

私たちの社会は、大人は、どうして力の弱い者を攻撃してしまうほど余裕がないのだろうか。

## 「弱くされている者」が子どもを攻撃する

一九九〇年代前後、新自由主義などと社会が方向を向け始めたころから、大人たちの働き方はますます厳しくなってきた。

規制緩和で競争を激化させ、生き残った者を核に社会を営んでいく。正規雇用の数を絞り、派遣労働を増大させたことによる全体の労働の質の劣化、自己責任論の拡散、さらに更生ではなく犯罪に対する防衛という理念などが、急激に世の中の中心におかれ、社会全体は排除の嵐に巻き込まれた。

競争に勝ち残れなかった企業ではリストラが進み、なんとか首をつないでいる人々も不安にさらされながら毎日を送る。そんな不安な親たちが子育てをしている。

その方向を受け、教職員の仕事も、学力重視と教職員評価が価値の中心におかれ、肝心の子どもは中心からはほど遠い位置に、ときに見えないような場所に追いやられた。

子どもをとりまく保護者も教職員も、大人たち自身が子どもどころではなくなったのだ。自らのありようをもっとがんばれと常に問われ続ける中で、うつになる、あるいは不安定に、攻撃的になる。

世の中では、弱い者には優しくというメッセージが道徳的に語られる。しかし、攻撃的になる人こそが、実は力を奪われている弱者であったりもする。この連関こそを私は強調したい。

攻撃する側は、自分自身が守られておらず被害感情を抱いている場合が多い。強い者が弱い者を攻撃するのではなく、「弱くされている者」がさらに弱い者を攻撃する。人権救済の現場のメカニズムは、まさにそこにある。

と考えてくると、攻撃を仕掛けた者を簡単に糾弾し、勧告を出すというパターンでは、関係改善を求める子どもの望む「解決」からはほど遠いものになる。子ども本人が納得しない中で進められる「救済」は、その子にとって何の解決も生まない。

**失敗した「ゼロ・トレランス」**

前述第一章のユニセフ・イノチェンティ研究所上級研究員のヴォーゲ氏はノルウェーの国家子どもオンブズであったときに、学校や地域の中の「いじめ」について研究と議論を重ね「いじめ撲滅のための宣言」をノルウェー首相、学校制度代表者組織に呼びかけて策定した経験をもつ。

氏が川西市を訪問した際、市会議員たちとの懇談の中である議員から次のような質問があがった。「学校におけるいじめにおいて「ゼロ・トレランス（毅然とした対応）」、たとえば別室指導などはどう思われますか？」それに対して氏が述べたことはとても興味深いものであった。

「アメリカとカナダが行ってきた処罰（punishment）を中心としたゼロ・トレランスは完全に失敗でした。それは、本来助けを必要としている子どもを罰することになるからです」。

ここで述べられていることは明快だ。いじめを行っている加害者と目される子どももまた「助けを必要としている」という、ゼロ・トレランスとはまさに対極にあるトレランス（寛容）の発想であるからだ。

### 第三者機関のあり方――寛容な市民を育てる

見てきたように、オンブズパーソンの仕事はいわば人々の断ち切られたつながりを回復する仕事である。孤立したり、打ちひしがれたりしている子どもの傍らに立ち、決して見捨てず共に道を探す。当事者である子どもが力を回復するプロセスに同伴する中から、切れていたつながりが再び結びついたり、つながりを求める子ども自身の力が驚くほどに戻ったり、またその力が育ったりしていくケースを私たちは見てきた。

ヴォーゲ氏は次のようにも述べた。「『民主的な人間関係をリードすること(Democratic Leadership)』がオンブズの仕事です。現状では公的資金の多くを(民主的な人間関係が成立していないため、たくさんの社会サービスに)投入しなければならず、それでは社会のコストが高すぎます。オンブズはその実践を通して、市民の思想を変えていくという仕事を担うのです」。

日本で川西オンブズが当初注目されたのは、第三者機関として「調査」するという機能面からだった。関係機関から距離をおいた調査は確かに必要な機能だろう。

しかし、ユニセフが注目した「川西モデル」とは、「調査」ではなく、周辺に追いやられた子どもに個別に対応する調整機能を中心に据えたその実践スタイルであった。敵対ではなく紛争解決のため対話と理解を促進する、ゼロ・トレランスでなくトレランスを基盤に子どもや大人に関わる、その川西市オンブズパーソンの方法を世界のモデルとしたいとの表明であった。

## 「障害」は思想的課題

「弱くされている者」は攻撃的になっていることがあり、ときに〝モンスター〟だと言われる。モンスターなどたぶんどこにもいない。そのように表現せざるをえない状態に陥っている保護者などには必ず訳がある。

保護者はそれではどのようなことに困っているのか。大人からの相談の中身は、子育てについてが一番多い。その中身の多くは「うちの子どもは普通でないのではないか。集団の中ではじかれるのではないか」といった相談である。

「普通でなければ生きにくい」「集団からはじかれたらやっていけない」。こういった相談は、親子の性質や家庭の経済状況とも関わっているが、必ずしもそれが相談せざるをえない状況を呼ぶのではない。

なぜこのような相談が子育ての場からもっとも寄せられるのかを、私たちの社会は考えた方がいい。たとえば次のような相談があった。

・家庭教師から、突然「子どもは学習障害ではないか」と言われた。このときから、子どもの発達に強く不安を感じるようになり、これまで良好だった親子関係がぎくしゃくしている。母親の気持ちを受け止めながら、具体的に子どもの生活上とくに困っていることがないことを確認すると、安心された。「発達障害」と安易に言われ、不安を高める親が目立つようになったが、その一例。（保護者）（『オンブズレポート2009』）

おそらく全国的に増えているのであろうこのような相談は、なぜ生まれてくるのか。不安を高める親や、安易に「発達障害」という言葉を使う家庭教師がいけないのか。「発達障害」をめぐっては、支援の名のもとに「取り出し」という言葉が用いられ、子どもが仲間関係から分断されることがある。療育の専門家たちの中には、子ども関係の育ちのダイナミズムや、科学的には分析しきれないその多様性に無自覚な人もいる。教職員への研修のあり方ひとつをとっても、担任よりも専門家の方がまるでその子どものことを理解しているかのように位置づけ、教職員や親自身までもそう思ってしまっていることさえある。

「障害」はひたすら個が乗り越えるべき問題ではないだろう。むしろ、私たちの社会がいかに生き合えるか、関係をいかに保障するかという思想的課題なのではないか。

普通でなくて当たり前、関係の中で生き合う。道徳や心がけよりむしろ、そんな制度をつくる必要がある。

## 親の敵対姿勢

近年、保護者と学校が対立関係に陥ることで、子どもが両者の板ばさみとなり不利益を被ることも目立ってきた。全国でもすでに裁判になっているケースも見受けられる。

子どもの声を聞いて大人たちに代弁しても、それはなかなか理解されにくく、大人の問題の解決抜きに子どもの問題の解決には至れないというケースに出会う。私たちは対話的な解決にこだわるが、ときに当事者の大人たちが怒りや失望のあまり行き詰まり、解決に向けての主体的な発想や工夫がどうにも生み出されなくなることがある。

そうなったとき、オンブズがコンサルタントのように解決への具体的な方法を提案することも最近は出てきた。しかし、その方法がよいのかどうかはまだ分からない。オンブズが解決のリーダーシップをとるということは、当事者が主体から少し降りるということにもなり危ういからだ。

そこで、このような対立したケースのときにも、子どもの声に耳を傾け、対話できなくなっている大人へ根気強くその子どもの思いを届ける。「子ども中心」というその姿勢を崩さない限り、対立関係はやがて多少なりともゆるみ、新しい局面が拓かれるものだ。

現在の社会的な環境が続くと、親の敵対姿勢や学校との対立関係が今後減っていくとは思われず、むしろ更なる課題となると思われる。

### クラスが子どもを排除するとき

子どもは面白いことには集中するけれど、興味のないことには集中しない。これもまた大人と同じだ。

授業で集中できない子どもがいる。これはもう当たり前のことだ。教室には多様な子どもがいっしょにいるのだから、全員が集中するほうが気持ち悪かったりもする。しかし、教職員の側は全員がバラバラに動きだしたらとても困る。二〇〇〇年前後から「学力低下だ、たいへんだ」という社会からの要請を受け、学習指導要領が新しくなり、教科書もとても分厚くなった。子どもの状況をよく知る心ある教職員たちは、学校現場にさらに余裕がなくなる事態に、ときに心身を病み、なんとか今までかき集めてきた意欲さえ失っている。

教職員にとって、教えなければならないことがどんどん増えている。準備する時間もさらに必要になり、仕事量はますます増えることになる。そのため教室では教職員の側から発信する時間を増やさざるをえず、子どもの声を聞いたり、子どもに楽しくゆっくりつき合うという貴重なひとときはどんどん奪われていく計算になる。そういうもともと余裕のない学校環境の中に、「元気過ぎる子ども」や「手のかかる子」が出てくると、先生もクラスの子どももイライラすることになる。

「授業の邪魔をする子どもがいる」

そういう情報に接した保護者の中には、元気過ぎたり、授業の邪魔になるクラスメートは困る、と言ってくる人も出てくる。目立つ子どもや保護者と、その子どもを無意識に排除しようとする保護者たちとの間で、板ばさみになっている教職員も全国至るところにいる。

わが子の学習が、目立つ子どものせいで遅れるから「教育の権利をちゃんと保障してください」という親の表現に時折出会う。自分の子どもは学習させなければならないが、異質なほかの子どもは邪魔になるということだ。人は異質なものと出会いながら人間としての幅を広げられ、地域を豊かにしていくのに、「教育」は個人のものと理解されてきた近代を悩ましく思う。そういった「教育」がもつ恐ろしさに、なんともやるせない気持ちになる。その「教育」がもつ両義性について、これから説明してゆきたい。

## 「教育的配慮」という問題

子どもオンブズとして活動してきて分かってきたやっかいなことのひとつが、大人による「教育的配慮」だ。家庭でも学校でも、大人はよかれと考え、子どもの気持ちも聞かずにコトを進めがちだ。

たとえば不登校の子どもは、少し休息をとり命をながらえたいだけなのかもしれないのに、保護者も教職員もなんとか授業に遅れないようにと熱心に寄り添う。当の子どもはといえば、勉強どころではなくて、なんとか生き延びようとしているのに、それが大人に理解してもらえない。

すでに繰り返し見てきたように、出会う子どもたちのほとんどの共通した願いは「気持ちを聞いてもらいたい」だ。

近代以降、子どもが育つ上で最善の要素は「教育」という価値なのだと、社会は思い込んできたようにみえる。しかしながら、実際に子どもや学校・家庭の厳しい現実と向き合ったとき思い知らされるのは、「教育」は必ずしも最善の要素となりえないということだ。

子どもの意見を聞くことなく行われる「教育的配慮」は大人の得意技だ。そのことに気づいてもらうためには、よかれと「教育的配慮」している側に実際の子どもの声を届けることである。オンブズパーソンという言葉には「代弁者」という意味が含まれる。ここでも子どもの気持ちを代弁する方法がうまく機能する。「機能する」とは、つまり子どもが元気を取り戻すということだ。

近年のオンブズパーソンは、「教育の権利」という言葉の用い方に注意し、この文言を少し横におくようになった。代わりにもっといい言葉を用いることにした。これまでも既に出てきた「子どもの最善の利益」である。学校や教育委員会へ向けての「意見表明」などの文書でも、それまで使ってきた「教育の権利の保障」から、「子どもの最善の利益に照らして」を使うようになった（二〇〇八年以降）。

### 「子どもの最善の利益」

「子どもの最善の利益」。この言葉を侮ってはいけない。「子どもの最善の利益」とは、子どもの将来が最善の方向に進むよう、子どもの安心を今の社会の中で確保するという意味合いの言葉でもある。つまりこの言葉は、大人にラディカルに投げられた問いでもあるのだ。子ども＝将来の市民たちが生きる社会を想定して、今の社会のあり方は大丈夫なのか、と。この点から「子どもの最善の利益」を考えるということは、制度を知り、それを吟味し、思想を鍛えるという奥行きのある刺激的なチャレンジとなる。

オンブズパーソンの研究協議では「子どもの最善の利益」をいかに確保するかを考えながら、個別ケースに対応する。子ども本人やまわりの大人関係だけでなく、子どもの将来や社会構造まで視野を拡げた上でその子の最善を考える流れは、個別救済の場と同様、制度設計の場でも重要なのだ。

専門分野の異なる各オンブズの視点を出し合い、「子どもの最善の利益」に焦点づけて、課題整理をしていく。さらに、何度も子ども本人の声を聞くという作業により、私たちは当事者である「子どもの最善の利益」の実際にできるだけ近づこうと努める。

## 一般的視点とオンブズの視点の違い

アマルティア・センは、一九九八年にアジア初のノーベル経済学賞を受賞したインドの研究者だ。彼の主張のひとつは「潜在能力」というキーワードで表されている。厳しい状況に追い込まれた人は、「潜在能力」が奪われている。結果、彼／彼女はその状況から抜け出るための選択の自由がなくなる。それゆえ、彼／彼女自身の責任を問うという前提を設けることは、私たちにはできないと、センは論証した（アマルティア・セン『不平等の再検討』）。

同様に、厳しい状況に追い込まれた子どもは「潜在能力」を奪われているがために、その状況から抜け出る方法を自分で選ぶことができず、子ども自身の自己責任を問うことはできない。これは、教育学や社会学といった社会科学、子どもの権利論ではすでに基本的な視点だ。しかし一般的にはこの問題のつかみ方はまだまだ共有されていない。

この視点は「問題をどうつかむか」というオンブズパーソンの視点と重なっている。ケース会議で個別救済への対応をチームで話し合うとき、課題整理ではその視点が常に意識される。

整理しておこう。

## ありがちな視点

まず、子どもの内にのみ問題を見ようとする一般的な見方をみておこう。「一般的」といっても、その視点はマスコミなどにより増幅されていることが多い。たとえば、年末の新聞紙上で「教育界の一年を振り返る特集」が座談会仕立てで掲載された。そこに、「一般的」な視点が分かりやすく表れている。

A「①暴力行為の急増が深刻だ…」

B「ゆとり教育の反省で、学力重視の風潮が強まったことの反動かもしれない。②子供の規範意識や③コミュニケーション能力の低下も一因だろう」

C「…④家庭の責任は重いよ」「明るい話題では、⑤数学や物理などの国際オリンピックで日本の高校生が活躍したね」

（「日本経済新聞」二〇〇九年一二月二八日、傍線筆者）

これらの問題のつかみ方は、よく見られる子どもや家庭の問題をそれぞれ自己責任として位置づける方法だ。

「子どもの暴力が増えている。それは、子どもの規範意識やコミュニケーション能力が低下しているからだ。家庭の責任は重い。学力が高いのは、明るい話題だ」……というように。これらは社会と切り離して、個として完結している存在として子どもを見ている。

それに対して、子どもの状況をもっと広い視野でとらえようとする人々やオンブズパーソンの視点は、次のようになろう。

**オンブズパーソンの視点**

①子どもの暴力の多くには理由がある。加害はあってはならないことだが、加害者自身、多くは社会的に疎外されていることが社会調査の中で明らかになっている。オンブズパーソンでは、加害者とされる子どもからも話を聞く。ほとんどの加害側の子どもが大切なことを聞いてもらえず、暴走してしまっている。オンブズは子どもの大切なことを代弁し、事態の核心に迫り、問題解決に努める。

②規律は、集団の中から(経験を通して)立ち現われる。これは、イタリアの教育実践家、マリア・モンテッソーリの考え方。集団生活を通して、社会性は、培われる。規範意識の形成は、「道徳教育」では限界がある。大人も、他者への心配りは「道徳教育」で獲得したものではなく、多くは実際の人間関係の中で体得している。

③言葉によるコミュニケーションが得意の人もそうでない人も、社会にはいる。少し前までは、それぞれの特徴に合った仕事が分け与えられていた。「適材適所」という言葉は、

実は人に優しく安心な言葉だった。おしゃべりが得意な人は客商売、そうでない人は職人などと、気質や性格に応じてそれなりに場があった。近年、「適材適所」は死語になりつつある。ひとりの人がすべての能力をもつべきとされ、他者と能力を分かちもつことが軽んじられる労働のあり方が、教育のあり方に浸透してきたもの、また、教育も労働のあり方が補完し合っていると考えられる。

④**家庭の責任**。毎年面談を重ね、家庭の教育責任の重さに押しつぶされそうになっている保護者と多く出会う。「少しでも学力をつけてあげなくては……」「この子の潜在能力を見逃してはいけないですよね」と塾などの送り迎えや、課題のチェックに忙殺され疲れている。

すべての能力をそれなりに備えろという社会の無理な要求を、なぜ家庭が担い、子どもに下ろしていく役割を担当しなければならないのだろう。他者と関わりを持ちながら自己解放をはかるという機会が重視されてこなかったため、保護者の不安や緊張は、孤立に向かい、その結果として社会の価値観がさらに自己責任論ばかりに傾く。

⑤**学力**。さらに社会は、学力に秀でた子どもを良しとし続ける。社会全般が学力にとらわれ、それを受けて「教育過剰」になる。それが子どもを追い詰め、学校も結局対応しな

くてはならなくなる。その学校が、子どもに学力をつけることを任務とする「学力保障」も担うという悪循環に陥っている。子どもの個別救済に関わってきて、教職員、保護者、子どもは、学力のために人生や、ときには命さえ捧げているようにも見える。

以上の①～⑤の論点だけを見ても、「一般的」な見方と、問題を構造的にとらえようとする見方は異なるのが明らかであろう。問題は子どもだ、家庭だ、学校だと煽られた結果、ついに関係する者たちが、社会とは没交渉でいくといった生き方を静かに選び始めているのである。

## 対話経験のない大人たち

オンブズパーソンが扱った近年のケースの特徴のひとつに、意見を述べることで事態を良くしていくというイメージを、子どもも親も持てていないという点がある。

それは、たとえば学校に関わるケースにおいて「子どもを人質に取られているから」と、以前言われたような自己規制をするということではない。むしろ、自分が工夫して事態が少しでも変わったという経験を持ったことがない保護者たちの存在が、その要因である。親子が生きてきた時代状況が影響しているように思われる。それゆえ、対話を通して理解を深めるというオンブズパーソンの方法や、関係づくりのイメージが「分からない」ようなのだ。

なぜ、対話で解決することが難しくなっているのだろうか。対話で解決するということは、思っていることを相手に率直に伝える、同時に相手の話にも耳を傾けるということである。

相手の話に耳を傾けることが難しいということはまだ想像しやすいのだが、自分の思っていることを率直に相手に話すという経験も、今の保護者たちには少なくなっているようだ。気持ちを少しでも表現し、同時に相手の気持ちも少し分かることで対話は進んでいくものであろう。対話が進み始めると事態は拓かれていく。しかし、保護者自身が自分の気持ちを話すという事態を待ったり、支えたりするために、私たちはずいぶんエネルギーを使い、時間をかけることになる。

**社会とは没交渉**

オンブズパーソンにもたらされる相談はたくさんあるが、次への動きを勧めても、それをためらう親や子どもが目立つようになったと相談員たちも感じているという。

問題解決のこじれた糸をほぐすのに苦労するのは任務として当たり前なのだが、近年オンブズパーソンが苦労し始めているのは、糸をほぐすことを共にやってみましょうという第一歩を待つところにある。

述べてきたように、オンブズパーソンでは子どものＳＯＳを受け、話を聞き、作戦を立てる。しかし、子どもも保護者も、自分たちが学校や地域から「浮く」ことを怖がる。そして、どちらかというと改善よりも現状でやり過ごすことを選ぶ傾向にある。確かに今をしのぐ方法で本人に力が戻るケースも多い。

制度改善につなげることのできる案件なのにと、オンブズは切ない思いでケースの前で立ち尽くす。それは「社会とは没交渉でいく」という子どもや保護者のあきらめが見えたときだ。これは手ごわい。

「社会と没交渉」というこの構えを生み出している状況こそ、現在の私たちにとって大きな課題と思う。個別救済の最前線の場にあり、没交渉で希望を失っている人々の存在をひたひたと感じざるをえない。

一般論の集合体である世間の視点が、問題は子どもだ、家庭だ、学校だと決めつけた結果、関係する者たちはついに社会とは没交渉でいくといった生き方を選んでいるのである。

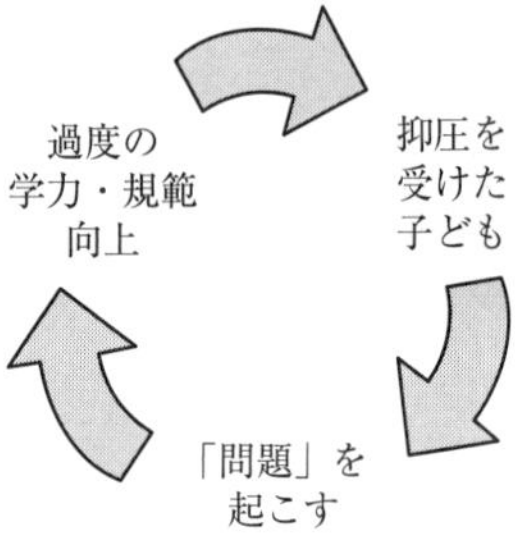

図3-1　ストレスのサイクル

徐々に他者とは没交渉を選ぶようになった人々は、同時に、対話ややりとりを重ねて、自分たちが安心して暮らせるように社会をつくり変えていく術をも手放しつつある。

### 「問題」を起こすサイクル

もうずいぶん長く続いている、全国的な子どもの学力向上への関心。それを受け学力どころではない暮らしをしている子どもや、その子どもたちを担当する教職員は、実はたいへんなストレスを感じている。

学校では、授業が分からない子どもは授業に集中できない。「がんばって聞こうとするけれど、どうしても頭に入ってこない」と子どもは言う。そんな子はついぼーっとしてしまったり、キョロキョロしてしまうことになる。そこで勢い教職員は、「厳しい指導」をせざるをえなくなる。教職員は子どものことを考え、なんとか進路先を見つけようと「とりあえず学力」ということで「学力保障」の方に目が行ってしまう。いっぽうで学校がもつ大切な機能である「子ども関係の構築」を図る余裕は持てなくなったりしている。そんな中、子どもはストレスフルになって「問題」を起こすという構造が見受けられる。オンブズパーソンが受ける相談の中で、このサイクルにはまっている子どもはたくさんいる。子どもはサボっているのでもない。ましてや教職員の指導力不足だと現場の問題に矮小化するのは、子どもをとりまく状況をつかみ切れていないからである。

子どもの声を社会へ届けるためには、一自治体の制度改善だけでは手に負えない構造の問題があると、オンブズチームは何度もため息をついてきた。

さて、では社会とは没交渉、無関心であるという人々の構えに対して、いかに希望を伝えてゆけばいいのだろうか。従来の人権教育で乗り越えられるのだろうか。次節では、「先進国」でのオンブズパーソンの動向を紹介しながら、その点について考えてみたい。

## 3　各国の子どもオンブズが集まった

二〇〇九年六月二五・二六日「子どもオンブズ8サミット(O8)」がイタリアのサルディーニャ島で開催された(ユニセフ&イタリア・ヌーオロ州主催)。G8の参加国(日本、アメリカ、イギリス、フランス、ドイツ、イタリア、カナダ、ロシア)から子どもオンブズの代表が集まった。日本からは川西市子どもの人権オンブズパーソンがユニセフから招かれ、私とチーフ相談員が参加した。

会議の目的は、①直後に予定されるＧ８サミットで各国首脳に提出する提言書を共同でつくること、②その内容をそれぞれの国内で市民に広く知ってもらうこと。その年のＧ８の議題「経済危機」と「気候変動」を受けて、Ｏ８サミットのテーマは、それぞれのテーマの子どもへの影響だった。オンブズパーソンとして国内の仕事を紹介するというよりも、相談や救済の実務の内外で、広く時代状況を把握し、子どもの最善の利益をどう位置づけて考えているのかという点について意見を交換する会議だった。

出発前にＯ８サミットのテーマの課題整理をし、意見をまとめ、それをほかふたりの川西オンブズたちと共有してイタリアへ向かった。ユニセフからは、川西市の経験をできるだけ発信してほしいとの要請を受けていた。

### 「経済危機」と「気候変動」の子どもへの影響

第一部では、「経済危機の子どもへの影響」について話し合われた。貧困はしばしば自己責任と考えられがちだが、構造的なものであり、Ｇ８を中心とした富める国により不平等がつくり出されていると確認された。

私は、日本では子どもの貧困率が先進国の中で高く、それを含め子どもの将来に対する雇用不安が、親のさらなる教育不安をつくり出している状況を「教育過剰」という言葉を用いて説明した。

第二部では、「気候変動の子どもへの影響」について話し合われ、私は司会を担当した。温暖化ガス排出などによる気温上昇、海面上昇、干ばつなどによる災害の八割が発展途上国で起きていること。もはや自然災害ではなく「人災」だということ、また、先進国の消費量がとりわけ北アフリカの気候変動に影響し、子どもを直撃していることなどが、地球環境の研究者たちによって説明された。

それを受けての議論では、発展途上国を抑圧しつつ成立している先進国のエネルギー消費量を減らすこと、成長を減速し、消費パターンを変え、産業構造を組み換えることが、子どもへの影響を小さくすることを共通認識とした。

私は司会者まとめの中で、ライフスタイルの変容の実例として、職人や小さな商店を積極的に守っているという北イタリアの例を紹介した。

## 子どもの声を代弁して制度改善に結ぶ

第三部では、「子どもの参加」について話し合われた。政策決定への子どもの参加──子どもを励まし、政治的な行動への参加を促すことが重要であるといった意見が述べられたが、私は次のように話した。

川西市の経験から、子ども議会のようなイベント的な「参加」よりむしろ、声を出しにくい子どもの声をオンブズが代弁することが「子どもの参加」の重要な構成要素であること。また、そういった子どもの気持ちを受け取るためには、子どもとの信頼関係を築く時間と力量が必要であること、などである。子どもの声を代弁して制度改善につなげる仕事を経験してきて、「子どもの参加」がすべての子どもの声の参加となりうるように理解を得ておくことは大切、と私は思う。

それに対しイタリアやドイツ、フランスの代表それぞれが「子どもは沈黙した市民」であると、私の意見をサポートしてくれた。弱い立場の子どもを代弁するというオンブズパーソンの方法を知ることによって、子ども自身も誰かの代弁者として力をつける方法を学ぶことにもなる、それは人と人とが助け合うという価値を伝達する制度ともなると補足してくれた代表もいた。

## 行政の中に異分子を

Ｏ８に参加したＧ８各国の多くは、国家子どもオンブズを備えている。つまり、国や州政府が子どもに対して横暴な方向性を定めたとき、異議申し立てをする機関を政府の中に持っているということだ。政府の中に異分子としてのオンブズパーソンという機関を備えると、政府がスムーズに動かなくなるのではないかという恐れも生じるかと思う。いったいこれはどういう意味なのだろうか。

政府中枢で取り決める物事に待ったをかける機関を自分の手足として持っており、実はそれがより良い施策をつくり出すという原理を、Ｇ８の多くの政府や国民が共有しているのだ。先進国の国々は、環境においても経済においても開発至上主義で来ている。そのために、ほかの国々に迷惑をかけてきたという現実がある。それらＧ８の国々でさえ、いや、だからこそ、公的第三者機関の存在という「風通し」のよさが、全体を充実させるという原理をシステムの基本として機能させているということなのかもしれない。

たとえば、カナダの代表オンブズとして参加していた「サスカチュワン（Saskatchewan）州子どもオンブズ」は、次のような仕事をしている。

## 市民に現実を知ってもらう――カナダ・サスカチュワン州子どもオンブズ

カナダ連邦に子どもオンブズの仕組みはなく、州政府に属している。代表のバーンスタイン・マービン氏は髭をはやした物腰柔らかなベテラン子どもオンブズだった。彼は言う。「連邦政府に子どもが権利の主体であることを認識させることが必要だ。私たちは政策提言だけでなく、施策の調査をし、問題の核心を指摘し改善するような仕事にも取り組んでいる」。

問題の核心とはなんだろう。これは、前章で述べた「問題のつかみ方」と関わる。近年、彼がつかみたかった問題の核心は、先住民の子どもへの差別が構造的に再生産されているという点だった。先住民の子どものトラブルに対して、彼らに自己責任を問うのかという問いがその「核心」だった。

カナダが抱える歴史的な課題として、先住民への抑圧と差別がある。現在、州にはスー族などの先住民がいるが、その子どもたちが学校の中で排除されているという。同州の子どもオンブズは、社会的な事象への取り組みとともに、学校をとりまく人々の差別意識を改善するため「つながり中心教育(Building Partnership-Based Education)」というプログラムで、人とのつながりを基本とした生き方が改善のもっとも重要な方向と提言した。提言書の中では、先住民の子どもの声を多く取り上げ、学校への協力を具体的によびかけた(Saskatchewan Children's Advocate Office "Blueprints for Change, Provincial Youth Delegation" 2003)。

しかし、学校へのアプローチだけでは事態は一向に変わらなかったと、マービン氏は言った。つながりを取り戻す「教育」で乗り越える方法では、限界があったのだ。そこで、サスカチュワン州子どもオンブズは実態を調査し、その結果を市民に知ってもらうことにした。

表3-1は、そのサスカチュワン州で入所児がどんどん増え、過密になっている児童養護施設の調査結果だ。そこから次の点が明らかになった。児童養護施設の子どもの六六%以上がイン

**表3-1** カナダ・サスカチュワン州児童養護施設の子どもの出身民族

| 民　族 | 子ども数 | 比　率 |
|---|---|---|
| 認定インディアン | 162人 | 62.5% |
| 非先住民 | 88 | 34.0 |
| メティ(インディアンと白人の混血) | 7 | 2.7 |
| 非認定インディアン | 2 | 0.8 |
| 合　計 | 259 | 100 |

(注)「インディアン」は公的な用語として使われている.メティ,イヌイットとともに,カナダの先住民.サスカチュワン州は白人が移住するまでは,先住民の住む地域であった.17世紀末より欧州から白人が入り,18世紀末にはカナダ連邦政府が入植希望者に土地を無償で提供し,先住民は居留地に追いやられた.

(出典) Children In Overcrowed Foster Homes In the Saskatoon Service Centre by Ancestry

ディアンか、インディアンとの混血である。また、これらのインディアンの子どものうち、六三％は、ファースト・ネイションという部族から来ているということ、当調査により、特定の部族の子どもへの家庭的ケアが著しく希薄で、その部族の子どもが児童養護施設入所児の中で多くの割合を占めていることが分かったという。

## 「教育」で乗り越えない

サスカチュワン州子どもオンブズの取り組みのスタンスは、子どもに自己責任を問うのではなく、子どもたちのおかれている状況の改善に具体的に取り組むという、子どもの権利論では基本的なものだ。これは、人権教育などのカリキュラムで解決をめざすことの限界を知り、さらに事実を広く市民に知ってもらい、市民の間では当たり前となっている一般的な見方を問い直すというチャレンジだった。

日本でも、国レベルにとどまらず、都道府県、市町村レベルの教育施策においても、「〇〇教育をする」という施策が、年々増加している。「人権教育」「食育」「環境教育」「キャリア教育」「防災教育」……。これらは、まずは学校で教育をしておくとよいだろうという、分かりやすく考えられる施策だ。しかし現実には、たくさんの種類の「教育」が学校現場に上乗せされることで、学校全体が忙殺され、子どもや教職員、保護者の緊張が一層高まっていることを指摘しておきたい。

心ある多くの教職員も、子どものやる気のなさや、あきらめ感の広がりに悩ましい日々を送っている。なだめたり、説得したり、ときに怒ってみたりと、毎日の学校現場は本当にたいへんな状況だ。ひとえに人権教育を行うだけでは乗り越えられないことは、現場に関わる者なら実感している。

「教育」だけで乗り越えようとしてはいけないのだ。むしろ、右肩上がりの開発、成長の発想から、持続可能な社会への発想に組み替えることで、「教育」の場はゆるむ。実は、それこそが人の絆を取り戻す一番の近道なのだ。

個人の心がけを「教育」するレベルでなく、子どもや学校や家庭がおかれている現実を、市民に知ってもらうこと。「教育」で乗り越える限界を知り、実際の社会構造を市民に知ってもらうという判断をしたカナダ。多くの市民に、子どもをとりまく社会で何が起こっているかを説明するということは、子どもの声を社会へ届ける重要な活動なのだ。

## 国家オンブズと地方オンブズ

Ｏ８会議の冒頭で、各国子どもオンブズの制度が短く紹介された。印象的だったのは、多くの国や連邦オンブズは、法律や政策提言に関する仕事が中心なのに対して、地方子どもオンブズは、実務に、政策提言に、調査にと、多様な仕事にチャレンジしていること。地方子どもオンブズには、子どもと実際に出会い彼らの声を代弁することで、相談・個別救済の実際を制度改善に結んでいく可能性があるという発見であった。

勧告後の追跡調査を行い、連邦政府に「子どもが権利の主体」と認識させることが必要と取り組んでいるカナダ、国が子どもに対して必要な投資をしていないと意見書をまとめるアメリカ、政策の監視(モニタリング)を行っているフランス、七人の子どもオンブズが州レベルで法律に影響を与えているというイタリア、子どもや若者にメッセージを伝えるためネットのYou Tubeにサイトをもつイギリス、八三地域に子どもオンブズをもつロシア、政府に向けてばかりではなく市民社会に向けての発信を心がけているというドイツ。

私は、日本のこれからの方向性について「まず経済が持ち直し金銭的な保障」や環境のための新開発を目指すのもいいだろう、しかし強調しておきたいのは、私たちが見てこなかった「減速」の発想だと意見を述べた。個人レベルの心がけではどうにもならない、煽られる消費や働き過ぎに歯止めをかけることだ。足元の問題の原因を高度経済成長の枠組のひずみとしてとらえ、ブレーキをかけて発想を大きく転換する、構造的な歯止めの必要性がある。そのことを子どもたちの代弁者として伝えておく必要があるという私見は、各国子どもオンブズたちにも広く支持された。

## ひとりも関係も

人々はどのように生きるかという思想が制度をつくり、制度がまたその思想をつくる。いわば、思想と制度はもちつもたれつの関係にある。人を選別する思想が強い社会には、選別の制度ができる。そして選別の制度は、さらに選別の思想を強化する。多様な人と共に生きようとする思想が支持されている社会には、柔軟な制度ができよう。柔軟な制度は、柔軟な思想を育てていく。

川西市子どもの人権オンブズパーソン制度のような、「ひとりも関係も」大切にしようとする制度は「ひとりも関係も」重視した思想を育てようとする。しかし、こういった発想の制度は、まだ日本社会にはほとんど見受けられない。現段階では、子どもの最善の利益を考える中で、オンブズパーソンはさまざまな限界に直面している。それは、子どもの最善の利益が目指されているとは到底言えない社会構造に取り囲まれているからこそ、ぶつかる限界なのだ。

能力や努力が足りないのは自己責任であるという意識に固められたまなざしは、問題を起こした子どもを暗黙のうちに傷つけ、追い詰めていく。

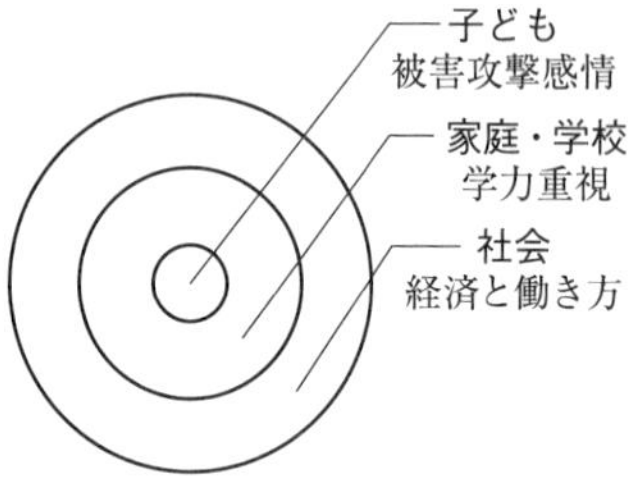

図 3–2　子どもをとりまく緊張構造

社会は子どもや当事者の事情をじっくり知ることまでには、なかなか思いが至らない。気持ちを聞いてもらえない子どもは、生きるストーリーを奪われたかのような気持ちになってしまう。子どもの声を聞き、事情を代弁する中で、オンブズパーソンは、選別や排除の思想に裏づけられた事柄や、なんでも自己責任という固まった考え方に出会い苦戦する。

## 緊張を高める構造

子どもをとりまく大人たちの働き方や雇用がずいぶんと厳しい状況におかれて久しい。保護者や教職員の余裕がない働き方は、子どもをじわじわと縛っている。正規雇用で働く人の数が限られていることが知られるようになり、子どもをもつ親たちは緊張を高めている。幼いうちからできるだけわが子の能力開発をしておかなくてはと、子どもへの教育不安を高め、教育関心をますます強めている。

図３−２「子どもをとりまく緊張構造」の外側の「社会」の円は、厳しい労働形態や条件下できゅっと縮こまり、「家庭」の円は、その影響でさらに縮こまり、学力や能力を高めるよう懸命になる。さらに、中心の「子ども」の円は締め付けられ抑圧を受ける。そこで子どもは他者に対して攻撃的になったり、投げやりになったり、閉じこもって自傷行為に及んだりという「問題」を起こすという構造だ。にもかかわらず、円を縮めた当の大人たちは、問題を起こさざるをえなかった子どもを「指導」し、その子どもたちに問題があるという。

もっともっとと働いてきた大人の暮らし方や生き方は、戦後日本の特徴でもある。だからこそ戦後の復興ぶりはすさまじかったし、日本の高度経済成長は世界の人々を驚かせた。その特徴ゆえに、この三重丸を強固に形作ってきたとも言える。

現在の子どものおかれている状況は、「もっともっと」と多大なエネルギーを消費しながらがんばる私たち自身の生き方と直結しているのである。個別救済で子どもが発した声は「助けてほしい」という声であると同時に、実は私たちの暮らし方や働き方がつくっている構造に向けても発せられているのである。「この余裕のなさをなんとかしてほしい」「暮らし方を減速してほしい」。それを伝えることこそが、子どもの声を社会へ代弁する本書のもうひとつのメッセージである。

# 第四章　問題のつくられ方

## ——減速へのススメ——

「人とつい比べてしまう自分がイヤになる……」

## 1　個人の問題は構造の問題

### 減速してほしい

個別救済で子どもが発した声は、私たちの暮らし方や働き方がつくっている構造を変えてほしいという要望でもある。まず成長ありきの、人を分断する経済成長の考え方を、持続可能な社会への柔軟な発想へと転換してほしいという叫びなのである。それは、子どもからの社会的異議申立てなのだ。

本章では、子どもの声を社会へつなぎながら、その構造について整理しておきたい。まずは親としての私自身のケースをご紹介しよう。

### 個人の問題ではない

長女が高校生になったある日のことだった。

仕事先から帰宅すると、彼女の髪の毛がいつもと異なり真っ黒だ。黒染めしている。彼女は、そのときまで髪を染めたことが一度もなかった。どうして最初の髪染めが黒？「どうしたの？」と私。「染めなくちゃしょうがなくなった」と、めずらしく口をとがらせている。なんだ、それは？

彼女は私似で、生まれつき髪の色が明るい。学校の頭髪検査でそれをとがめられたという。染めていないと先生に伝えたけれど、「ふつう」と異なる色や癖のある人は、その私立高校では、事前に「頭髪届」を提出していなければならなかった。「生まれつき、くせ毛」とか、「生まれつき、髪の色が明るい」という具合に。

彼女は頭髪届を提出していなかったから、すぐに学校の向かいにある美容院に行かされ、黒染めされたそうだ。

呑気な私もこのときばかりは思った。教育や子どもの権利なんて研究してるし、これは学校に行って先生方と話すしかないな、と。

娘はといえば、親が学校に行くのは少々落ち着かないと思っていた。その気持ちも分かる。家でも、学校でもそれなりに自由に過ごしていた癖に、先生たちとの関係にヒビが入るとやっかいだと心配している。けれど「おかしいことは、伝えなくちゃ」と私。

でも、どう「おかしい」のか。

――学校というところは一九七〇年代から管理が厳しくなった。都会では、学校のガラスを割ったり、授業妨害をする子どもが出始めた。そこで学校は、校則を厳しくしたり、服装検査をしたりして、子どもを管理する方向に動いた。八〇年代は、国会で校内暴力が問題になるほど「子どもの荒れ」がテーマとなった。

ただ私たちの社会は当時、なぜ子どもが荒れるかまでは、思いが至らなかった。近年になり、人が荒れるのはその人が痛みを抱えているからだとようやく気づかれるようになり始めてきた。非行や荒れる子どもには背景がある。その子どもの声を聞くと、問題の解き方が分かるという訳である。

いっぽうで、校則や学校の管理はなかなか厳しいまま現在に至っている。管理させられる側の先生たちもたいへんだが、今は親や地域から管理の要請があるという面もある。歴史的に考えると、管理教育は高度経済成長期の一斉教育の遺物といえる。しかし、その意味や出どころを問う者はいない。とりあえず服装検査、頭髪検査となる――。

このような中味を、娘の学校でうまく説明できたかどうかは別として、学年主任、担任、生徒指導の先生と私は、学校の会議室で小一時間、静かに話をした。問題のポイントを伝え、学校の「規則ですから」という説明を聞き、現状を引き受け、今後の改善をお願いし、ご挨拶して帰宅した。

後に娘は教えてくれた。体育教師だった担任から「かあさん、コワかったヨ」と聞いたと。感情的でない話というのは、案外怖いのかもしれない。ありがたいことに、その担任と彼女の関係は以降も悪くならなかった。彼女の黒染めはそれ一回きりで終わった。しかし、学校は変わらない。服装や頭髪の監視を厳しくし統制を取ることが、保護者や地域の期待に応えることになっている。私学の場合はさらに生徒集めにつながり、経営問題にも関わる。保護者の安心を得られるからである。大人は子どもを抑えこむことで、社会に適応させようとし続ける。

個別の問題として解決しようとすると、個別指導になる。服装や頭髪管理もここに含まれる。

自分の気持ちを鍋の水にたとえて、ある中学生は言う。「ストレスがたまるとちょっとの振動で水がこぼれてしまうんスよ」。その振動は自分のコントロールではなく、地面が思いがけず揺れたりすることがあるという話を相談員がしたことを受けてだ。家族のさまざまな困難を一身に引き受けて、でもキレてしまう自分を責め続けている。学校でもその子の存在は、「突然キレる子ども」である。学校では当然目立ってしまう。

個人の問題ではなく、どうして問題が作られているかを知ると、作られ方を見直すことになる。そして、たいていの問題は作られ方＝構造から来ている。

### ある教職員の悲しみ

ある研究集会で短い話をした後のことだった。ある若い高校教員から声をかけられた。「生徒が卒業して仕事を続けていくためには、学校で無理に学力を叩き込むしかないのです」。

人権侵害と非難されかねないこの言葉に私は戸惑った。

その教員の話によれば、いわゆる困難校（生徒の授業態度や学力の問題で教育が困難な学校）の自分のクラスの生徒がなんとか就職した。ペットボトルの自動販売機補充の仕事である。基礎的な学力が備わっていなかったから記録や管理ができず、仕事が続けられなかったという。そこで、この教職員は卒業までにもっと基礎学力を叩き込んでおいたら良かったのではないかと自らを責めていたのだ。私はすぐに返す言葉を見つけられなかった。

その教職員の悩みを、個人の悩みに帰してはならないと思う。

雇用不安が高まる現在、仕事と学校の結節点にある教職員はどんなに苦悩し、苦労していることだろう。多かれ少なかれ、学力を叩き込むしかないという局面に出会っているのではないかと思う。しかし、教職員はひたすらそこで勝負しなければならないのだろうか。このご時世、基礎学力を〝叩き込んだ〟くらいでは仕事を続けられないような状況が山と出てきている。

「学力を叩き込む」ことから、いったん距離をおいて考えてみたい。

### 「学力を叩き込むしかない」のか？

Ｉ・イリッチやＥ・ライマーは、学校が人の将来の職業にふさわしい訓練を授けられないということ、あるいは訓練と混同された選別の過程が仕事や社会に対して誤った態度を植えつけていること、あるいはそれが個人の健全な知的・精神的成長を妨げていることなどを指摘している（Ｉ・イリッチ『脱学校の社会』、Ｅ・ライマー『学校は死んでいる』）。

日本では、受験勉強に引き寄せられた教育課程の画一性こそが中退問題や授業不成立の主要な原因をなしている現実がある。子どもたちは言う。「学校は好きだけれど、分からないから授業は面白くない」。

次は、奈良の小学二年生の子どもの声である。

「クラスの中でなかなか授業に向き合えない子がいる。どの子も家庭でそれぞれのしんどさを抱えていて、それを学校で発散させているようだ。Ｄはやっとひらがなが言える状態で、九九が分からない。ある時、授業から抜け出していたＤを連れ戻しに行くと、Ｄは反発するのではなく「おれ、どうせ行ってもわからへんねん」と悲しそうにつぶやいた。本当はわかりたいというＤの気持ちを感じ、Ｄが入っていかれないような授業づくり・学級づくりをしていたと反省する」（担任の実践報告資料から）

中学生や高校生が授業に参加しないのは、本人たちだけの事情からではない。近代の学校は効率的に抽象化された知識を子どもに教えるという制度である。そこで教育政策は、クラスのサイズを小さくすると人件費がかさむということもあり、習熟度別指導や教職員の「指導力」で「成果」を上げようと対応してきた。その無理な施策の「成果」が押し並べてすべての子どもに行き渡るわけもなく、授業が分からない子どもはときに授業妨害をしたり不登校になる。そこで、教職員はますます「厳しい指導」をさせられてしまうという具合になる。

先の自動販売機補充の仕事を辞めた生徒に、学校で基礎学力を叩き込んでいたとしても、彼と教師はいずれ別の困難に出会ったのではないかと想像する。表向きのカリキュラムを変えてみても、学校の成績が個人の出世の機会を圧倒的に支配している現実が変わらない限り、その現実が形作っている問題が根本的に改善される見込みはないだろう。

学校はなぜここまで就職の責任を一身に担うことになってしまったのか。

マスコミで「子どもと貧困」特集が流行っていたとき、私もインタビューを受けた。高校に行けない子どもの学費の公的支援を充実させるべきというコメントが欲しかったのだろうと思う。だが、私はどうしてもその線に沿って答えられなかった。

高校に行ったらなんとかなるのか。学力の底上げをしたら、生き延びていけるのか。底がいくら上がったところで、雇用の現場が荒廃して、同僚の首を切って成立するような職場からは、すさんだ未来しか生まれない。

ではなぜ、保護者は子どもの教育に過剰に関心をもつのか。

## 保護者の不安——就職のための教育

ある母親が答えている。

なぜ、大学まで行った方がいいと思うの？

——就職の問題。職を選ぶときに高卒よりも大卒の方が有利。大学の中でも偏差値の高い大学の方が就職先にも困らなくて、その後の生活にも困らないんじゃないかと。

…小さいうちの環境は競争社会を生きる上で重要だと思うので、できるだけいい環境を用意してあげたい。

（拙稿「家庭教育ってなに？」子ども情報研究センター『はらっぱ』二〇〇八年一〇月号）


就職と教育は、保護者の中では直結している。子どもをもつ家族、出産前のカップルでさえ、住居の場所を選ぶ条件に「よい校区」は外せないという。はっきりしている。親は子どもの就職に有利なように、子どもの能力を高めたい。保護者が何百万ものお金を私立小学校受験に注ぎ込むようなお受験熱も、子どもの雇用確保への不安感と結びついている。子どもの能力を伸ばすためには、なんとしてでも教育費は稼がなくてはならない。教育費は家庭もちという日本の戦後体制は国家の経済発展をしっかり支えてきたのであるが、ところが、ここにきてついに雇用不安による家庭の減収により広く破綻しつつある。

家庭の年収に対する教育費の負担が三七％になることが、国の教育ローンの利用世帯を対象に実施したアンケートで分かった（日本政策金融公庫「二〇一〇年度教育費調査」）。負担割合はこの一〇年で最高となった。景気低迷で年収が減少するなか、収入が低い世帯でとくに教育費の負担が重くなっている。

## 「力」をもっともっと

家庭でも、子どものさまざまな「能力開発」を保障するために、親は翻弄されるようになった。

就職が厳しいという理由から、親たちは少しでもわが子が仕事につきやすいようにという願いから、よりよい成績をと求めて「教育過剰」が進んだ。日本社会が学力順に雇用が確保されるシステムとなっているからである。

学力だけではなく、実際には人間関係力やコミュニケーション能力まで含まれる。だが、人と関係する「力」は個人の力だけで高められるものではない。

高校一年生になった子どもの声である。

「私は、中二のときにオンブズと子どもほっとサロンに出会ってこれまで何度も助けてもらいました。中学の時は、何度も「いじめ」にあいました。その度、オンブズとそこで出会った仲間に助けてもらえて、たくさん友達ができました。（略）もし、オンブズが無かったら、「いじめ」も乗りこえられなかったと思うし、一緒に喜べる相手もいなかったと思います」

（『子どもオンブズ・レポート2008』）

これまでの個別救済のケースでも説明してきたように、人は安心できる関係に守られているとがんばれる。安心できる関係が「力を与える」のである。

経済的に不利な状況におかれている子どもは、その時点で安心できる関係に守られにくくなり、したがって、人と関係する場合も、過度の緊張や攻撃性がアンバランスに表れがちだ。

雇用に関して近年、若者の半数ほどしか正規雇用につくことができない状況が続いている。近年の教育改革では、「学力の底上げを」とさかんにいわれているが、底がいくら上がろうと上半分にしか正規の仕事がないというのでは、能力競争は際限なく繰り返される。

雇用が不安定であればあるほど、社会のパイの分け方を、さらにそれを支える思想を考え直さないと、限られた正社員のポストを獲得するために「できるだけ、いい点数を」と親も子も肩に力が入る。学力にとどまらず、わが子にはできる限りいろいろな能力をつけさせなければならないと親は必死になってしまう。

いろいろな人がいて、さまざまな子どもがいる。試験は苦手だけど、人を笑わせるのが得意、ゆっくり何かをするのが得意……。人はそれぞれ異なるのに、多様性よりもひとりで完結する「能力幻想」に、私たちは惹かれるようになった。人前でハキハキものを言えないといけない、ひとりでパーフェクトにならないといけない、と。子どもにとってはずいぶん迷惑な話だ。「あなたはあなたでいい」とは誰も言ってくれない。その中で親もまた傷ついているのだ。

個別面談で母親が流す涙に何度出会ったことだろう。オンブズ面談を重ねた小学生の母親の声である。

「子どもが学校でトラブルにあった時、オンブズパーソンにお世話になりました。そこで判断がつきかねていた状況もはっきりし、学校への対応も自分たちなりにできるようになりました。その中で改めて学んだのは「人を尊重するとはどういうことか」でした。今の時代、普通に暮らしていても傷つき流されていく自尊心」

（『子どもオンブズ・レポート2008』）

ごく普通に暮らしたいと思っていても、親も子も、これが足りない、あれが欠けていると、数えられる厳しい世界を生きている。子どもだけではなく、多くの親が傷ついている。

## 教育責任という重荷

「パーフェクトに近づける子育てを」と思い込んでいる親にとり、わが子の能力を伸ばさなければますます「教育責任」が増し、肩の荷がいっぱいになって追いつめられてしまう。

ひとりの子どもの能力を全部高めることで、これからの社会は暮らしやすく質が高くなるのだろうか。大人も何でもひとりでできなければいけないのだろうか。ひとりで行動できなくなった高齢者は駄目なのか。私たちの能力観が問われる話なのだ。「できる」ことは、人々の関係を縛ってまで大事なことなのだろうか。

社会学者のジョック・ヤングは次のように言う。

単に構造が主体を抑圧するだけではなく、社会的存在である主体自らが多大な犠牲を払いつつ己を排除し抑圧する一助を担っているということだ。

（ジョック・ヤング『後期近代の眩暈――排除から過剰包摂へ』）

自らが自らを追い詰めるように構造が完結している。そして、その構造は他ならぬ市民の考え方に支えられている。人々が知らぬ間にもつようになった「自己責任」という考え方は、私たち自身を相当に侵食している。日常の暮らしでがんばり足りない自分自身を追い詰め、さらに自分の地域をも分断していく。

ある朝、ふと新聞のチラシを見てのけぞった。〇歳児の入会を促すある「教室」の案内。チラシのキャッチコピーは「えんぴつがまだ持てないけど、大丈夫？」

幼い子どものいる家庭の親は、教育しなくてはと無意識のうちに追い込まれていく。子どもはさらに自由を奪われることになる。プリント学習で疲れ、遊ぶ意欲までも奪われている子どもたちに、オンブズとして私は会う。

これは市外の小学二年生の担任の話。Ｆは担任が「おはよう」というと、「死ね」と返す子どもだったという。

「どうしてもしんどいことがあると保健室に逃げ込んでしまうＦ。反面、家ではとても賢く、おうちの人の都合で転校したり、家庭の中でも厳しく育てられ、すべての家事をこなせるほどの働きを見せているようだ。しかし、トゲのある言葉づかいと態度で、自分にはなかなか心を開いてはくれなかった。そんな折、授業の中でＦは「一○○点取っても関係ないねん、分かる？　別に誰も褒めてくれへんし、当たり前やから。」このＦの保護者からは、「何点取ろうが褒めません、当たり前やから。」と家庭訪問ではっきりと言われていた。Ｆは口はきついがとても甘えん坊で、Ｆのことを思うと保護者からのこの言葉が深く突き刺さった。つよがる言葉をはくＦの姿が健気に思えてしかたなかった。」

（実践報告と資料から）

子どもたちにひたすら「教育」を要求しているのは、いったい誰なのか。どういうしくみなのだろうか。

## 2　子どもが子どもでいられない

### 「KY」とみられたらどうしよう

能力が個に分断されることで、連帯の意欲を失った人々は「同質圧力」という魔物を育て始めた。子どもか大人かを問わず、それは増殖することになった。

大学で学生たちが議論をする中で、私はときに妙ななんとも言えない雰囲気に悩むことがある。意見が出にくいというようなことではない。むしろ発言された面白い意見をめぐってどのような反応をするかに、学生たちが非常に気を遣うのだ。不自由だなと私は思う。

学生たちは、「KY」(空気が読めない)とみなされることをとても恐れる。友人の一言に必要以上に傷つき落ち込む。なにげない言葉に身を削る。自分は異質ではないかと、自己に関心が集中し、社会や政治にまで関心は行かない。社会と交渉する必要を感じることはほとんどない。

「異質」な私はいつも、意見を交換し合い、行き過ぎた意見と気づけば笑って修正し、許し合う関係が育つことを願いつつ、学生たちといっしょに過ごしている。

## 人と比べてしまう自分もイヤだ

私のゼミ生は、ほとんどが保育士か幼稚園教諭あるいは小学校教員志望者だ。みんな人好きでそれは個性豊かだ。ゼミは学生主体で繰り広げられて楽しい。お弁当をもって公園へ行ったり、バスケ、バレーなどのスポーツ大会、『クレヨンしんちゃん』名作鑑賞会というのもあった。とはいえ、発表プラス議論というオーソドックスなゼミ形式が基本で、討論はなかなかに活発だ。

ある年、卒業論文のテーマを絞るため、各自が自分の問題関心を発表し、ゼミで話し合いをしていたときのことだ。ある男子学生が「コンプレックスと子育て」と題して発表してくれた。自分は人と比べて「できないこと」に対してコンプレックスをもっている。それとどうつきあったらいいだろうか、という。ゼミの二〇歳の学生たちの議論は始まった。

「コンプレックスは性格だから、しょうがないのでは」

「それは、性格だろうか?」

「親から、他の子や兄弟と比較されたことがコンプレックスとなる」

「親は、子どもに少しでも能力をと思うから、比べてお尻を叩くのではないか」
「そうなんだろうけれど、その見方が染みついて、人とつい比べてしまう自分がいやになる」

ゼミ生のうち九割が「能力」が欠如しているというコンプレックスに悩み、ほんの数名の学生がそこから比較的自由だということが判明した。身近な大人によって、人と繰り返し比べられた経験が、彼らのコンプレックスを育てたということは明らかだった。さらに、「人と比べる」という方法を学んでしまったことに苦しんでもいた。

次は大学一年生のゼミでのこと。後期になり、仲良くなってきてもっとお互いを知りたいと「今までどう生きてきたかを語る」というテーマを、学生たちは選んだ。「部活」についてまず話そうということになり、ゼミ生たちが次々と話をしてくれた。おおむね、いかに部活でがんばったかという話になった。吹奏楽部で、水泳部で、バレー部で、それぞれに懸命にがんばり、金賞を取ったり、県大会や全国大会に進んだという話の中で、私はいかに学生たちが「能力」や「競争」にさらされて、一目散に健気に生きてきたかを垣間見ることになった。ひとりの穏やかな学生が言った。

「僕は、小学校、中学校と剣道を続けてきた。そこそこだったけれど、高校生になり「突き」が競技の中に入ってきて、とても怖くなった(笑)。それで、剣道部を辞めて、吹奏楽部に転部した。今は、それも良かったなと思ってる」

私はほっとして、そしていつになく真面目に言った。「その体験は、将来きっと宝物になるよ」。彼は、吹奏楽部でもまた努力したと思うのだが、一目散にがんばることから、「逃げた」、というその経験が、私には嬉しかった。それを、仲間の中で笑いながら披露できる彼の「健全さ」に救われたのであった。

オンブズパーソンには、次のような声も寄せられる。小学校高学年女子である。

「私は今自分が嫌いで自分がこわい。日が一日過ぎるごとに、死にたい気持ちは増えるばかり…でも家族には言えない。助けてください」

（『子どもオンブズ・レポート2007』）

一昔前の大家族と異なり、親と子だけで成立している核家族では、親は子育てを一身に担う責任を感じているため、子どもを追い詰めてしまいがちだ。家庭のあり方は子どもの生き方に大きな影響を与えてしまう。

親は、社会的な価値を無意識のうちに内面化して、子どもに望みを託しがちだ。オンブズとして保護者と話す中で、親たちがいかに社会の価値にとらわれて翻弄されているかがよく分かる。では、どのような時代の指針が、親の言動を形作っていくのだろうか。

「明るくて元気な子ども像」に始まり、「学力が人並みで、コミュニケーション能力もある子ども」へ。親が望む水準に子どもが到達していないとき、親は子どもに上から目線で言い放ったり、力ずくでしつけしようとすることがある。また親自身、自分を責める。この家庭のしつけが過剰になると子どもは不安定になる。常態化すると、子どもはいろいろな形で不安定さを発現させたり、内にこもったりするようになる。

保護者からの相談（小学生低学年男児）

担任の先生から、子どもがクラスの中で行動が遅いことを指摘され、「指示が通りません。家でも指導してください」と言われた。これまでの子育てがいけなかったのか、と落ち込んだ。

（『子どもオンブズ・レポート2007』）

たいていの親は社会的価値を子どもに押し付けるということの葛藤に苦しみ、そこそこにしつけを行っている。でも、親の願望がストレートに子どもに向かい、言動をもろに受けてきた子どもにとっては相当にきつい。コンプレックスがつくられ、不安定なままに生きることになり、自分で自分を追い込むことになる。親たちが社会的価値をストレートに子どもに当てはめる、家庭がそういう場所だと子どもはたまらない。

オンブズとして子どもの話をしっかり聞くと、「問題」を起こす子どもには必ず緊張がある。まわりの大人からの締めつけがある。同時に、その大人も何かで締めつけられている。

次は小学生低学年の子どもの声。こんな電話相談があった。

「あの……水泳の進級テストがあるんですが、テストで緊張しないためにはどうしたらいいですか……。」子どもの気持ちを聞きながら、相談員は緊張をほぐすためにしていることなど世間話を交えながら楽しくおしゃべりをした。後日、「うまくいった」という報告があった。

（『子どもオンブズ・レポート2009』）

相談としては重篤とみなされるケースではない。けれど、なぜ市役所に、オンブズパーソンにこうした相談が寄せられるのであろうか。本人にとっては一大事の相談だが、大人にとってはたわいのない相談。これは家族や学校や近所の誰かとしてほしいやりとりなのだ。

この子どもにとっては、「進級テスト」は親からの期待もあり、たいへんなストレスだったのだろう。期待されている身としては、弱みを見せられないし、ほかに相談できる誰かが見つけられなくて電話してきてくれたのだろう。ある意味、私はこの相談は社会にとって危機的な印ではないかと思う。

## 子どもの犯罪は増加しているのか？

少年犯罪や不審者は増えていないし、殺人による検挙者数はぐっと減少しているのに、少年事件の報道数は増えている。さらに、ひとつの事件が全国版で何日も報道されるようになり、一件の事件の報道回数が数倍にもなっている。そこで私たちは事件が増えている

**表 4-1　検挙者数と報道された事件，記事数の比較**

| | 1940–50s | 1960s | 1970s | 1980s | 1990s | 2000–05 | 総計 |
|---|---|---|---|---|---|---|---|
| 殺人による検挙者数 | 4937 | 3615 | 1149 | 833 | 862 | 455 | 11851 |
| 報道された事件数 | 109 | 187 | 85 | 106 | 97 | 80 | 666 |
| 記事総数 | 166 | 578 | 132 | 224 | 456 | 611 | 2168 |
| 1 事件毎の平均記事数 | 1.52 | 3.09 | 1.55 | 2.11 | 4.70 | 7.64 | 3.26 |
| 2 回以上扱われた事件数 | 13 | 28 | 19 | 25 | 17 | 43 | 145 |
| (全事件に占める割合 %) | (11.9) | (15.0) | (22.4) | (23.6) | (17.5) | (53.8) | (21.8) |

（出典）　図 4-1，表 4-1 ともに，牧野智和「少年犯罪報道に見る「不安」――「朝日新聞」報道を例にして」『教育社会学研究』第 78 集，2006 年.

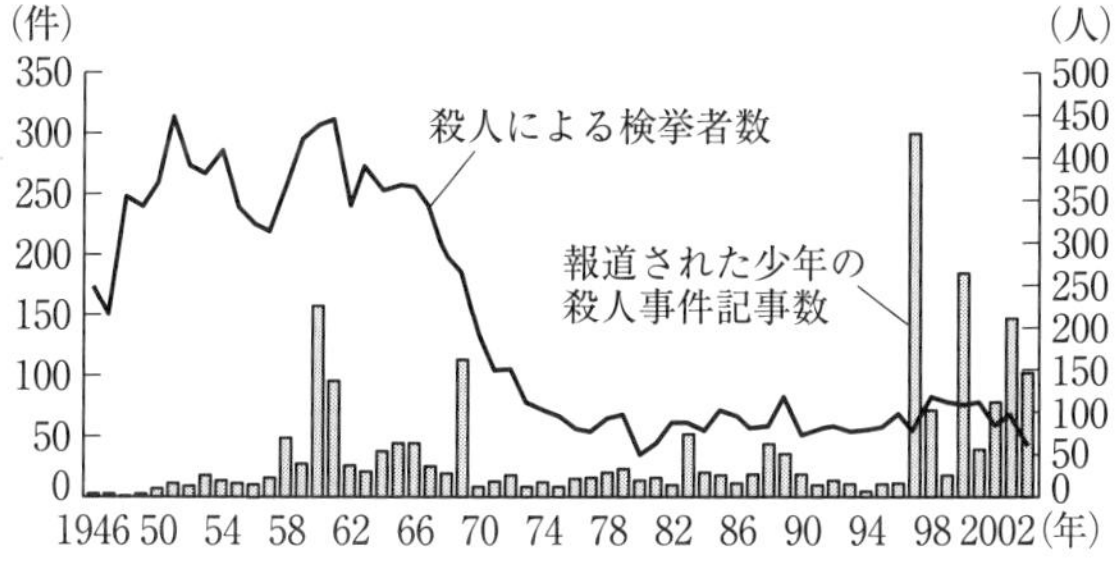


**図 4-1　少年の殺人による検挙者数と殺人事件報道数の比較**

と思わされてしまう。私たちは煽られているのだということを、きちんと把握しておく必要がある。

牧野智和によると次のようである。表4-1は図4-1の内容を含む報道の量的傾向について一〇年毎に整理したものである。近年は「報道された事件数」が一九六〇年代までに比べて少ないにもかかわらず、「記事総数」が多くなっている。報道された事件数は、実際に多くの事件が起こった六〇年代がもっとも多く、その結果記事の総数も多くなっている。しかし、近年は報道された事件の数は六〇年代に比べれば少ないにもかかわらず、記事の総数は六〇年代に迫る、あるいはそれ以上の数である。これは、注目を集める事件の多発によって、事件一件あたりの記事数の平均値が増えているということに一因がある（全体平均三・三件が、二〇〇〇年代では七・六件）。それだけでなく、二回以上扱われている事件の割合が近年増えており、個々の事件が何度も扱われるようになっている（二回以上事件が取り上げられる確率の全体平均は二一・八％だが、二〇〇〇年代は五三・八％）。

つまり、子どもの犯罪は増えてはいないのである。

では、子どもは平和で不審者もいないというのならば、問題はないのではと言いたいところだが、働き方や大人の状態はますます不安定になっている。まわりの大人が不安になっているから、その不安体制に引っ張られ、子どもの被害者意識、攻撃的感情が育てられているのは、前章でも述べたところだ。



声をつなぎ、現実を切り拓く

自分が痛みを感じていないことに関しては、社会は現状のまま過ぎていきがちだ。痛みを感じている者の声が小さければ小さいほど、社会には届きにくい。その声を誰も社会につなげなければ、現状は追認されて繰り返されていく。

知らされない市民は、その声を支えようがないから現実を切り拓く力を持たない。だからこそ当事者の声を聞くこと、その声を全体につなぐことが、現実を切り拓くために必要になる。政治や社会は、現状追認型であってはならない。

子どもの痛みを誰が社会につなげるのだろう。もしつなげることができれば、私たちの国の人々は思慮深く、子どもたちを支える力を工夫し、現状を切り拓くことを考え合えると私は信じる。これまで見てきた「減速してほしい」という声、これは子どもからの直接の声とは言えない。けれど、子どもの声の代弁者として、問題の核心は整理しておかなければならない大切な仕事と、個別救済に関わる中でますます実感している。子どもの傍にいて知る問題、そのつくられ方があまりに社会に理解されていないからだ。

たくさんある相談のひとつ、小学校高学年の女子の声。

「勉強が嫌いで、塾の宿題が難しくてできない。今日これから塾へ行かなければならないが、まだできていない宿題がいっぱいある。いま両親とも留守で、きょうだいもいないので、家にひとりでいて教えてもらえず困っている」

（『子どもオンブズ・レポート2007』）

加えて、相談員が報告書に書いてくれたコラムから子どもの声を紹介したい。

なんか変な感じ　（相談員　新林智子）

友達と遊びたい気持ちを押《ママ》さえて塾に行く、小学校高学年の子どもに「どうして？」と聞いたところ、「そりゃ勉強せなあかんやろ。勉強していい大学に入って、そしたらいい仕事につけるやんか」と返ってきた。う〜ん、そうかもしれんけど……何かが変。違和感を持ったまま、彼に球を投げ返せずに、面談を終えてしまった。

（略）

そのときの違和感①：子どもの君の方が、そのセリフを！　なぜ！　使っているのか？　ひと昔前までは、そのセリフはおとなのものだった。勉強しない子どもに、なぜ勉強するのかを諭すためのセリフ。それに対して「うるさいな〜」「それじゃあ、父ちゃんはやってきたのかよ?:」とつっこむのが子ども、と相場は決まっていた。もっといい仕事につけたかも……という親の諦めがにじみ出てもいた。それなのに、どうして、君の方が?

違和感②:高学歴＝いい仕事につける、わけではない時代になってきた。右肩上がりの成長を遂げていた時代は、こうすれば安心といった公式として成立したかもしれない。それを信じてうまくいった人もいれば、別の道を進んでうまくいった人もいるだろう。人生は予想以上に多様だ。そもそも、いい仕事って何か。安定している、給料が高い、内容が充実している、人間関係が良好、彼のいい仕事のイメージはどうか。そこから考えないといけないし、それはいい大学に入ることで近づけるものなのか、疑問だ。

①②をあわせると「じゃあ、どうしたら僕らは安心しておとなになれるんだよ?!」という気持ちが根底にあるのではと連想した。

だってテレビのニュースでは、高卒・大卒の若者が大勢、着慣れないスーツで、面接会場をうろうろしている映像に〝過去最低の内定率〟ってテロップがついている。不安そうな表情で「大変です」「もう何社も受けたけど、決まらない」とかインタビューされる姿は、路頭に迷っている……誰もが思うよ。子どもならなおさら、自分の未来は暗いって。どうすりゃいいんだ、今やれることは、せめて勉強、せめていい大学目指すことってなるかもしれない。周囲の期待に敏感な彼なら、なおさら今のところ無難な方向として、あのセリフに行き着いたかもしれない。

そして彼が「どうしたら安心しておとなになれるのか？」と心配しているなら、きっと、彼は子どもでいる今も、どこか安心して、子どもでいられてないのじゃないか。元をただせば、それはおとながそうさせていない可能性が大だ。

回りまわって振り返ったけど、あの時チラッと頭をかすめた〝子どものクセに、そんな先のことまで心配せんでええよ〟は、まったく無神経な発言になるところだった。危なかった。

「子ども時代に、こんなに勉強ばっかりしてて、いいんかな？」彼からポツリと出た本音。

そうだよ！　よくないんだよ！　よくないってことを君が感じ取ってることがすごいんだよ‼　だから勇気を出して、君の〝なんか変な感じ〟を周囲のおとなにぶつけてみてほしいんだ。きっとそこに希望がある……いつか、そんな風に彼に球を返せたらいいなと思っている。

（『子どもオンブズ・レポート2010』）

安心して子どもが子どもでいられていない。大人がそうさせている。

子どもは社会から要求され、能力開発のために全速力で走らされているかのようだ。では、社会や暮らし方の「減速」など眼中にない「経済成長」という思想が、なぜ社会の問題の解決方法のように考えられるようになってしまったのだろうか。

終章では、子どもの声から受け取った異議申立てを読み解き、これからの方向性を見い出そうとする。

# 終章　能力を分かちもつ

「勉強していい大学入って、そしたらいい仕事につけるやんか。けど…
子ども時代に、こんなに勉強ばっかりしてて、いいんかな？」

## 1　教育の陥穽――「教育過剰」の構造

### わが子の「教育への権利」

私はオンブズの仕事に携わり、数々の子どもの声から、社会への異議申立てを受け取ることになった。その理由を解明するために、いったい何が起こり、それは、いかなる社会状況に導かれていたのかを私たちは知っておきたいと思う。

そこで本章では、個別救済で受け取った子どもの異議申立てを戦後思想史に重ねようとする。子どもの個別救済の方法に主に興味がある方も、しばらく思想史の流れをどうかいっしょに考えてほしい。

能力というものはひとりのものではない。分かちもたれるものなのに、日本を含む先進国の私たちは、個人が生きていくためのツールとして「教育」や「学力」をとても限定的に理解してきてしまった。

「教育への権利」はどう使われるかによって内容が異なってくる。「教育」の意味合いを広くとり、子どもとの関係づくりをも含むとするのならば、ここでいう「教育の権利」の保障は、子どもの最善の利益と重なることも多いだろう。しかし、学力向上を中心としたわが子の「教育への権利」と限定されると、ちょっと違うと言わざるをえない。

このわが子の「教育への権利」というフレーズの使われ方は新しいものではなく、すでに年季が入っている。戦後、とりわけ一九六〇年代に表れた「家庭教育ブーム」以降の日本では、「教育の権利」というのは、主に「わが子」の教育の充実のために使われてきた（拙著『市民社会の家庭教育』）。それには教育自体が個の能力を育てるものとして扱われてきた高度経済成長期からの時代背景もあった。

残念ながら数々の教育現場では、ひとりが集団のために我慢する関係があまりに強調されることが多かった。しかしそんな中でも「小さな声」を聞きながら子ども関係をつくっていくことを、教育活動に含めて実践してきた学校や教職員もいた。そんな学校現場では教職員が奮闘し、なんとか子どもの声は聞きとられてきた。

しかし、いくら良い教育実践を重ねたところで、個人の能力や「教育」で乗り越えようとする社会全体の意識までは覆せない。教育実践だけでは限界があるのだ。

また、保護者にとっては、関係をつくることよりもわが子の学力がつくことの方が大事、というくらい社会に余裕がなくなってきたという現実がある。戦後の教育思想史の流れを見ると、保護者が子どもの教育に貪欲になったのは、人々が分断されてきたことと相関がある。

　ではなぜ、保護者の世代は分断されたのだろうか。

　戦後の日本は、経済を復興させるために国家あげて人づくり政策をとった。国民もそれを懸命に支えた。人づくり政策は個の教育を徹底する考え方へと連動した。戦後に連なる高度経済成長に国民は加担していった。加担せざるをえない必然があった。豊かになりたい。わが子とほかの子を比較するツールとして学力が前面に出てきて、保護者も学校も個の能力を伸ばすことが第一と考えるようになった。評価と比較のその発想がそのまま、保護者と教職員を含む人々を、社会を分断してきた。

## 教育と労働のいけない関係

　戦後、教育制度は「株式会社日本」の「人事課」としてあまりにも効率的に機能してしまった。

　戦後日本における「教育」と「労働」との独特のめぐり合いをざっくり整理しよう。

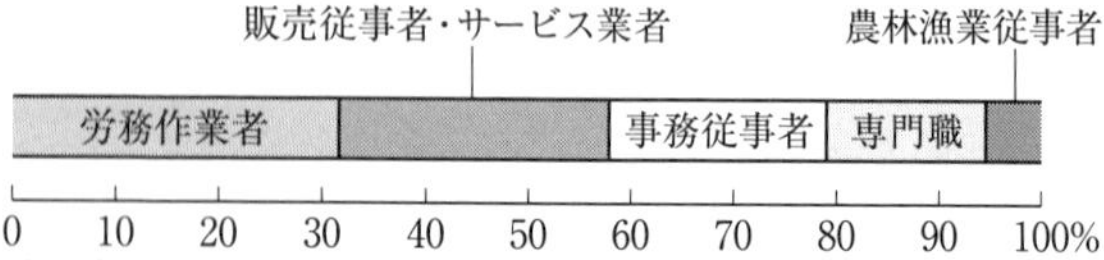

（出典）厚生労働省『平成 20 年版　労働経済の分析』より桜井作成.

**図 5-1　現在の職業分類構成**

保護者たちの意識で就職と教育が見事に結びついたのは一九六〇年前後である。一九五二年の職業安定法の改正により、学校と職業安定所との協力が強化され、労働市場の合理化が進展した。さらに、一九五五年の神武景気から始まった高度経済成長による影響が学卒労働市場に大きな変化をもたらした。

人的能力政策により高校生が普通課程に殺到したが、高校生の過半数は自分の意志や希望に反した学校に在籍し、職業科ではその割合がいっそう高くなった。

「中学、高校、大学と普通課程を中心に、ともかく学歴水準を引き上げるのが望ましい」。この戦後理念は、階級社会を特徴づける複線教育はよくないという批判に通じ、生徒たちの進路を早期から職業コースにわけるのは残酷なこととみなされた。将来選ぶ職業がなんであれ、高い学歴は社会に関する知識や判断力を培い、職業選択の機会を広げる、高校くらいは出ておいたほうがいい、と教職員たちは語ってきた。

やがて、「よい仕事」を目指し、成績を一列に並べての学歴競争がやってきたのは必然だった。

現実には、生徒の大半が卒業後の人生を労務作業者(技能工、建設、製造作業者)か、販売従事者としておくる(図5-1参照)。

## 学歴と仕事のマッチング政策

この時期に、学卒労働市場を合理的に機能させるため、学歴別に仕事を分配するという作業が文部省(当時)によって密かに行われていた。

一九五八~六〇年、「学歴と職種の振り分け修正」という作業が行われた。文部省調査局調査課による『職場の学歴の現在と将来　職場における学歴構成の調査報告書』(一九六一年)によると、ここで行われた作業の中に、興味深い「算定」があった(拙稿「高度成長期初頭の家庭における学歴の高度化——学卒労働市場の継時的変化をてがかりに」『生活科学研究誌』Vol. 4)。

職種と学歴がマッチしていないため、それらを「適切」な対応関係におくように、一九六〇年の数値をもとに、一〇年後の一九七〇年に「あるべき学歴配分」を算定したのである。一定の仮定のもとに、各産業部門における職種別・学歴別構成に修正を加えて、望ましい姿としての産業部門別・職種別・学歴別就業者数を示す青写真が作成された。

具体的には、「技術者」は高等教育卒、「技能者」は中等教育卒、「その他の労務者」は高学歴である必要はないとみなされ「初等教育」へ移行し、計上された。学歴による振り分けを徹底させる「修正」を行ない、「人材養成の合理化」を目指したのであった。

その頃、教育をめぐる市民運動はどのような動きをしていたのか。

## 高校全入運動の光と影

学歴は幸せな暮らしを営むために重要であるというしくみを、意識的ではないにしろ、家庭や学校は選んでいった。学歴社会と連動したのが教育機会の拡大であった。団塊の世代が高校へと大量進学する時期、受け皿となる高校が足りず「高校全員入学運動」が市民により展開された。一九六〇年代初頭の「高校全入運動」は、この時点で選ばれた市民側の運動戦略であった。すなわち、階層間格差の是正そのものが「高校全入」に託された。

しかし、この運動は、中卒就職を「望ましくないもの」と位置づけることになり、池田内閣の「国民所得倍増計画」と呼応しながら、高校や大学への進学による階層移動を期待する国民の教育要求と重なった。

時代の必然であった教育機会の拡大は、結果的に「競争と序列」の構造をもつことになった。戦後民主主義教育の考え方の基本は、どんな出身階層の生徒についても平等に、普通教育課程で学力の向上を図ることであった。これは結果的に人的能力政策と親和的になってしまったのである。そしてこれこそが、関係を何より大切にする「子どもの最善の利益」のために、戦後民主主義教育が有効に働けなかった要因だと私は思う。

## 「機会の平等」が招いた競争

見てきたように、教育の民主化や教育機会の拡大は、むしろ「競争と序列」の構造を強化することにつながった。戦後の日本では、企業社会の論理と学歴社会の形成は、「平和と民主主義」の教育運動と衝突するどころか、ゆるやかにつながりながら共に歩んできた。「戦後の教育思想や教育運動において、貧困や労働問題が消去されていく過程だった」（小森陽一・大内裕和「政権交代と教育制度の転換」『現代思想』青土社、二〇一〇年四月号）。

今、戦後思想史を概観して、個を分断して孤立やいじめや自己責任論を生む「教育過剰」の問題点を整理して、それを乗り越えるには、関係的権利論としての「子どもの最善の利益」を追求する子どもの人権の視点から議論を組み立て直す必要があると思われる。なぜならば、それは「大人の最善の利益」に直結し、社会を新しくさせる可能性があるからだ。

## 「人権としての教育」の誤算

戦後教育の中で欠如してきたのは、学校の中へいやおうなしに入り込んでくる社会的な矛盾、それゆえ子どもを抑え込む圧力、その構造に対する現実的な議論だった。子どもが抱える抑圧の根本原因は、主に経済状況に関わって生まれるさまざまな社会問題である。しかし、このような関心は戦後教育学の中でも希薄であり、その問題意識から組み立てられた議論は多くはなかった。

たとえば、戦後の教育運動では、議論が「平和と民主主義」に集中することにより、現代社会が立脚している経済原理による「社会の「腐食」の構造についての問題にはほとんど目が届かなかった」。そこでは「基本的人権と市民的自由、つまり「人権の確立」にこだわる視点が非常に重要だった」と尾崎ムゲンは指摘する(『戦後教育史論——民主主義教育の陥穽』)。

それはこういうことだ。国家だけでなく、教育運動の原理から人権の問題が抜け落ちてしまったのは、「人権は民主主義の問題の中に包含される」つまり「教育こそが人権を実現する手段」と考えられたからだ。たとえば、「人権としての教育」というのは、教育業界ではたいへん好まれたキーワードであった。そして、その教育は「学力」「能力」とさらに矮小化されて理解されることになった。「人権としての学力」「人権としての能力」に曲解されるようになったのだ。

しかし、両者の包摂関係は逆でなければならなかった。すなわち、人権を実現する手段のひとつに教育がある、と。さまざまに人権を実現する方法はある。とりわけ、子どもの権利は関係的であると後に説明するように、その子どもの持ち味を生かしながら大人はさまざまな学びを仕掛ける中で、個と集団がダイナミックに育つ。しかし、「人権としての学力」と理解されるようになった人権と教育の関係は、関係とは正反対の「排除」という機能を備えることになった。

一九七〇年代に私が育った中学校は大阪市内でも指折りのヤンチャ系の子どもの多い学校だった。学級崩壊状態で、授業中の教室には、いつも担任や教科を教える教職員のほかに副担任がいた。教職員たちはヤンチャ系の子どもを排除せずつき合っていた。「学力保障」のために教職員は彼らの傍にいたのではない。ケンカが始まると止めに入り、話を聞き、ゆったりつき合っていた。「学力」への興味以前の彼ら生徒たちの「存在保障」を、居場所の保障をしていたのだ。

彼らはそれゆえ、学校に来なくなるようなことはなかった。

ところが、「存在保障」に力を尽くしていた教育の現場は、いつのまにか、「学力保障」にシフトしていくようになる。社会が能力主義にシフトするのと歩調を合わせ「学力」が排除の機能も合わせもつこととなったのだ。「人権としての教育」の誤算だった。

子どもが排除される全体の構造を問題にすることよりも、教育現場は「まずは教育だ」、「学力保障だ」と推し進めることになり、その結果、教育は過剰になっていった。

また先の尾崎は言う。一九六〇年前後に初めて登場した全国一斉「学力テストの問題が教育をめぐる「能力主義」そのものを問うという脈絡で語られることはついになかったのである。「能力主義」を本格的に問うことは、学校や制度化された教育の社会的機能を本来的に問うところまで行くはずであったのだが」(同右)。

さらに市民運動の側は、子どもの教育権を守る運動、労働者や女性を守る運動というように、個別にテーマ化された問題を「守る」運動へと囲い込まれ、多様なテーマの権利や差別の問題の取り組みへとどんどん分散し、結果的に状況を問うことに失敗してしまった。子どもの教育権を守る運動よりむしろ、「能力主義そのものを問う」という深め方がぜひとも必要であったのだ。

二〇〇七年より、全国学力・学習状況調査が小中学校の最高学年（小学六年生、中学三年生）を対象として行われてきた。地域・学校ごとの点数の公表などが問題になっているこの全国一斉学力テストは、結局、能力主義の問題を語ってこなかった戦後思想の必然として、さらなる子どもの序列化を強化し、関係に守られない子どもをつくることになろう。政府レベルで賛否の議論はあるものの、現在はわが子の教育不安に引っ張られた保護者がむしろ学力テストを要望する構造が明らかになっている。

日本におけるこれらの教育過剰の構造は、第一章で述べた国連子どもの権利委員会からの「勧告」を生んだ。日本社会が支持してきた「学力保障」は、国際社会から見ても強い差別性を内包しているのだ。

## 「能力主義を徹底する」

能力や学力を、社会的にどう位置づけるかと問うことなく、「学力をいかに保障するか」

という文脈で政策は組み立てられてきた。人々の多くもそう考えてきた。

学力保障の要請を受け、それを担う学校は、学校自身を子どもの関係性を育てる生活空間として組織していく選択肢を徐々に遮断してしまうことになった。ここでいう「関係性」とは「関係を構築し保つこと」と説明しておきたい。

一九六〇年代以降、学校は能力や競争のせめぎ合いの場として再編成されていくこととなった。この時期、競争と選別の思想を形作る政策、それを推進する過程でそのことを象徴的に示す答申があった。

> 社会全体が能力を尊重する気風なり、制度なりをもたなければならない。……端的にいえば、教育においても、社会においても、能力主義を徹底するということである。
>
> （経済審議会答申「経済発展における人的能力開発の課題と対策」一九六三年）

恐ろしくも、「能力主義を徹底する」と宣言したこの答申は、結局問い直されることなく今日に至っている。そして、私たちもまたそれを内面化していないか。「生きる力」「コミュニケーション能力」から、ついには「人間力」という言葉まで多用するようになり、個の「力」で生き延びる子どもを育てよと、私たちは当たり前のように学校や保護者に望んではいないか。

## 高度経済成長という「宴」

二〇〇八年金融危機の以前から、低所得者層の増加は危機感をもって語られてきた。一九八〇年前後、私が炊き出しや夜回りに参加していた「あいりん地区」と呼ばれる大阪市西成区の通称・釜ケ崎には、近年の貧困問題ブームを待つまでもなく、ホームレスの人たちが街に溢れかえっていた。高度経済成長期には企業の下請けにひっぱりだこで重宝された働き手たちが、仕事がなくなり使い捨てられ野宿をし、路上死する人も跡を絶たなかった。「高度」な経済成長とは人の命を犠牲にするものなのだと、まだ一〇代だった私は知った。

その高度経済成長期は「学力が高い人は安定した会社に入り、よい暮らしができる」という能力主義に、家庭がもっとも影響を受けた時代である。親たちは、だんだんとわが子への教育関心を強め、以降「教育過剰」に傾くことになる。

いっぽうで、とりあえず国家の成長、国内総生産（ＧＤＰ）の拡大をしようと経済学者や政治家およびマスコミ関係者の多くが成長戦略を支持してきた。しかし、その「成長信仰」は、どんどんエネルギーをつくり使うという「持続不可能な社会」への道でもあった。大人たちの将来の展望に、将来を生きる子どもへの配慮、「持続可能な社会」への想像力が徹底的に欠如していたと、私たちは後に思い知らされる。「物質的豊かさを追求する」という国の政策は「生きかたの豊かさの追求」には役立たずであった。

子どもをめぐる問題の面談をしていて家族の状況をうかがうと、父親が働き過ぎて抗うつ剤を飲んでいるとか、夜や土日も接待で忙しく家族とゆっくり過ごすひとときもない。そういうケースに時折出会う。その父親たちの多くが、押し並べて子どもの教育にたいへん熱心で厳しい。子どもは就学前や、小学校低学年から塾のプリントに追いまくられていて、ときに身体症状が出ている。子どもは声を出したくても出せない状態のまま、家庭にいる。

今、小学生の子どもに多くの親が要求する家庭学習の量は尋常ではない。そこのところで親子が葛藤を抱えるケースは驚くほど多い。子どもは声を出せず、ひたすら家庭学習をさせられている。もっと怖いのは、仲間と遊ぶことなく、子どもが「嬉々として」たくさんの家庭学習にチャレンジしているときだ。塾やプリント学習で疲れている子どもに気づく小学校の担任は、子どもの暮らし方に悩ましさを抱える。「学習は塾で、人間関係は学校で」と言い放つ子どもの声を聞くと、この状況をどう理解すればいいのかと私もまた悩む。

今の働き方のベースも、家庭教育ブームの成立と同様に、高度経済成長期に確立している。一九七〇年代に二つの造語ができた。「企業戦士」と「教育ママ」。これらは雑誌から生まれた言葉だ。

企業戦士とは一日に一二時間以上働くようなサラリーマンのことだが、日本では言葉の誕生の頃から、そのような働き方が当たり前となってきた。高度経済成長期の暮らしの変化は著しかった。たとえば、洗濯機はローラーで回して絞っていたのが二層式になり、やがて全自動になった。クーラーやカラーテレビが家庭にやってきた。ひとつだった冷蔵庫のドアの数はどんどん増えていった。勢いのある時代だったが、子どもにとっては、年を追ってどんどんとせき立てられると感じる時代でもあった。一九六〇年前後、初の全国一斉学力テストが現れ、「学力」が人々の注目を集めるようになり始めた。それには偏差値という新しいはかりの影響も大きかった。全国の子どもを一列に並べる偏差値。真ん中が五〇で、五〇以上の子どもはホッとするけれど、下半分の子どもは必ずコンプレックスを感じるという、あまりココロとカラダによくないシステムだった。

あの宴、高度経済成長期から、子どもは生きるのが精神的にきつくなってきたのではないか。同様に大人も絶えずせかされるようになり、がんばり過ぎるようになった。私たちは「競争の時代」に投げ込まれるいっぽうで、自らがその時代を招いている元凶でもあった。

## とりあえず、成長

二〇一〇年の国内総生産(GDP)で日本はついに中国に抜かれ、世界二位から三位に転落した。第三位は四三年ぶりだ。日本は一九六八年に西ドイツ(当時)を抜いて以来、維持してきた米国に次ぐ「世界第二位の経済大国」の座をついに中国に明け渡した。

思えば、狂喜乱舞の四二年間だった。

一九六〇年代以降の日本は「成長率」なくして語られることはなかった。

日本は加速を、走ることをやめられなくなっていった。なんとか止めなくては事故が起きる。でも、どうやって止めたらいいのだろうと悩ましい時代が続いて久しい。そして、一九九五年の「もんじゅ」、二〇〇七年の「柏崎刈羽」などたびたびの原発の事故に続き、決定的な福島第一原発の事故は起きた。それぞれの立場で手続きの指摘や反省はいろいろあろうが、戦後史の流れからみると、想定外どころか必然ではなかったかと私には思われる。

近年、オンブズパーソンへの子どもからの相談内容も、経済的な問題が色濃くなっている。親の失業や破産などで学費が払えない、子どものアルバイト料を親に取られるといった相談まである。「おとうさんがバイト先にバイト料を取りに来るから学費が払えない」と、相談にきた高校生が小さな声で教えてくれる。親も子も疲れている。

日本は、世界で二番目に裕福な国として走ってきたのに、同時に自殺率が二〇一〇年で世界第六位と先進国でもっとも高い国でもあった。自殺率における日本の順位は、二〇〇〇年以降も残念ながら上昇を続けてきた。一九九八年の失業者急増で自殺率が跳ね上がったとき、労働問題が自殺率を押し上げる原因と論じられた。たしかに直接の原因は失業、倒産、いじめなどかもしれないが、いずれもその問題に直面する中での「過労」が大きな引き金になったと思われる。もう生きていたくないと思うほど精神的に疲れ、それが身体のバランスを狂わせるのである。二〇一一年から子どもの自殺も増えている。

社会の側は、不況を乗り越えるために「成長」が第一、経済政策こそが選挙においても票を左右する、と考えられている。経済の低迷を「異常」と感じ、成長率の回復が何をおいても不可欠という成長信仰が根強くある。経済が活性化したら、人々が自死に向かうような閉塞感は解消されるのだろうか。いやこれは、景気が上向けばおのずと消え去る類のものではない。かつて一九八〇年代、まだまだ日本経済華やかなりし頃を振り返ってみても、自殺はやはり世界的に高順位だった。GDPが増し経済が活性化したところで国民の福祉が向上するとは限らないことなど、経済学の世界でも明らかにされていた。居酒屋に入って考えるのが面倒くさいから「とりあえず、ビール」と注文するように「とりあえず、成長」ということにしておく愚かさから、私たちは脱出したい。

## 「自立支援」という自己責任思想

自己責任を強化する言説は、バブルの後始末に追われる時代に支持された。キーワードは、「自助努力」と「自己責任」とされた。

日本は今、第三の改革を課題としている。……明治、戦後の国づくりの成果の影で置き忘れた市民社会形成の課題を改めて突きつけられているからだ。……自助努力と自己責任がキーワードになる。主役は国ではなく市民(個人)なのだ。
(日本経済新聞社編『二〇二〇年からの警鐘』一九九七年)

このあたりから、赤字財政を抱える行政も、このキーワードに沿って施策の方向を決めていく傾向が強まった。たとえば、「自立支援」がブームとなり強調される。増える生活保護受給者などへの行政の支援費負担が難しくなってきたところから発想された「自立」論である。

しかし、個人の能力で「自立」するという、その発想自体がつくり出す差別と選別のしくみを問題としないかぎり「いたちごっこ」が繰り返され、社会の関係性は悪化することはあっても、見通しが立つことはないだろう。「個の自立」「能力の自立」という発想でつくる支援である限り、関係性に守られない孤立した人々の増加は止まらず、結局は、支援費も人々の孤独や自死も減ることはないと思われる。

前述の社会学者ジョック・ヤングは、「排除した上で、今までの世界に包摂しようとする「過剰包摂」が、現状の社会追認のもっとも根本的な原因と指摘する(ジョック・ヤング『後期近代の眩暈——排除から過剰包摂へ』)。

現在の社会的な価値観でもって「排除」され、力を奪われたまま、社会保障で「包摂」される。その包摂に「自立支援」という発想が色濃くなってきたのだ。「排除してから包摂する」という現在の社会保障のあり方を問うという作業が、私たちの課題として明確になってきた。

排除することを止めなくてはいけない。

### 経済失政が続いた原因は成長信仰に

日本が抱える膨大な財政赤字や、高齢化による社会保障財源を考えるなら、何のための成長かを問う前に、とりあえずＧＤＰの拡大を図らなければ経済は破綻するという経済学者や政治家はとても多い。

しかし「経済失政が続いた原因は成長信仰にある」を書いた経済学者の高橋伸彰氏は「無理のない成長率、具体的には「ゼロ成長」の前提を超党派で合意したうえで政策論議を進めること」を提案する。彼は言う。

今の日本にはパイをいかに拡大するかという成長のフロンティアよりも、パイをいかに切り分けるかという分配のフロンティアのほうがはるかに広く拓かれている。
（高橋伸彰「経済失政が続いた原因は成長信仰にある」『中央公論』二〇一〇年四月）

3・11以降、言説から急激に「経済成長」の言葉がいったんは減少した。以降、「復興」のために、人災を生みだした構造が充分問われることなく、成長に再加速する愚は避けたい。では、いかに問うか。成長ではもう無理だ。「発達」「開発」で逃げてきた日本社会だが、どういう原理でそれをやめるのかは、すでに社会科学の中で大きなテーマとなっていた。そこには、不平等の是正をいかにしてなし得るのかという課題が絡む。

市民としてこの問いにキチンと向かい合うために、私たちは問題の背景にあった思想をよく知り、これからを拓く手がかりにしたい。

## 2　能力の共有という可能性

### 「機会の平等」の限界

不平等の是正は「機会の平等」で乗り越えよう。機会を与えたら人はがんばり、不平等が解消に向かうだろう。この発想は、近代のスタート、啓蒙主義の特徴でもあった。日本の高度経済成長期を支えた、「まず人材育成を」というマンパワー政策と「機会の平等」は両輪となり、以降の日本の教育政策の核となって機能した。機会を平等に与えるので、努力する人が報われ、国力を上げる人材となるという政策だ。その萌芽である「立身出世」という思想は明治期に現れていた。たとえば、元横浜市長の中田宏氏は自身のブログで、福沢諭吉の『学問のすゝめ』を引き、次のように言う。

要は、人は皆同じなのではなく、学ぶかどうかで人生が変わってくるのですよ、と教えているのです。戦後、日本ではなんでもかんでも平等だとする考え方が浸透しましたが、「機会が平等であること」と「結果が平等であること」はまったくちがいます。（略）

『学問のすすめ』の背景には、国民が一丸となって教育レベルを高めなければ、西洋列強と伍すことはできなかったという切実な事情がありました。そして、福沢諭吉のメッセージ通り、国民はこぞって教育レベルを高め、我が国は近代国家としての基盤を固めたのです。

頑張った人が報われる社会。そんな当たり前の状態の社会を取り戻さなければ、我が国の活力はますます減退してしまいます。

（「結果の平等ではなく、機会の平等を求める日本へ」二〇一〇年三月一三日）

機会の平等で「教育を受ける権利」を保障したら人はがんばり、がんばった人が報われる。がんばる場は学校であり、学力テストであった。まずは、不平等の是正のために発見された発想が機会の平等であった。

明治の初めに日本をリードした福沢諭吉の『学問のすゝめ』。努力する人は報われる。努力しない人は報われない。当時は「努力できない状況におかれる人がいる」という発想はなかった。いくら機会の平等を準備されたところで、がんばる力を奪われている子どもは努力できない。機会の平等には限界がある。機会の平等が強調されたということは、教育が政策を含む社会における中心的な課題になったことを意味した。

能力を獲得する機会が平等にあれば、貧困は乗り越えられ、不平等は是正されると考えられたのはアメリカも同様だ。

能力主義の考え方が一般に受け入れられるようになったということは、一九六〇年代を通じてアメリカにおける貧困と不平等の「再発見」に対する政策当局者の対応から垣間見ることができよう。技能獲得の機会が不平等であるということが問題の根本的原因とされた。

（S・ボウルズ、H・ギンタス『アメリカ資本主義と学校教育――教育改革と経済制度の矛盾』）

そこで、これまでも話してきた「学力保障」という考え方が生まれることになる。日本でも、学力を保障するという観点から、子どもたちに貧困を乗り越えさせようとして、学校現場は奮闘してきたのであった。

能力は個人の努力の問題だとしてきた思想――、「機会の平等」に投げ出した発想――は、教育の現場でその原理を強化してきた。子どもには努力するかしないか、教職員には指導力があるかないかという、関係性を無視した、すなわち自己責任原理を強化する方法論が学校現場の中心にすえられてきた。

社会の支配的な価値観により周辺に追いやられた人々は、そもそもスタートラインに立つことすら不可能だ。その中で、スタートラインが一直線だということが前提の「機会の平等」は、個人の努力だけで人生の課題を乗り越えようという考え方であり、それは個の発達重視の近代教育思想の限界でもある。

## 能力は個人のものか

私たちの社会は、自由か平等かどちらかひとつ、二者択一ととらえがちで現在まできた。多様であることを認める「自由」よりも、みかけの「平等」が重視され、機会の平等を充実させる原理で社会制度一般が組み立てられている。けれど、みかけの「平等」は、「能力とは本来関係的に存在する」という事実が、隠されたまま展開されてきた原理であった。

近代社会でこのみかけの平等である形式的平等という原理が政治や教育に絶大な影響を及ぼし、時代を重ね強化され、現代日本に連なっているのはなぜなのであろうか。

［ロックの私的所有論］「能力」が道具として発見されたのは、ジョン・ロックが考えた私的所有論がそのスタートであった。彼は、イギリスが近代市民社会を築くときの思想のベースとなった人物だ。アメリカ独立宣言の原理的核心となり、フランス革命にも影響を与えた。その彼の発想した私的所有論は現代の日本に暮らす私たちにいまだ深く影響を及

ぼしている。

たとえ地とすべての下級の被造物が万人の共有のものであっても、しかも人は誰でも自分自身の一身については所有権をもっている。
（ロック『市民政府論』）

ロックのこの一文は、近代市民社会の原理となり後の歴史を決めていく。私的所有論の問題は、自分の利用分を超えた「余り」を正当化することにより、個人の所有が無制限となり、その結果不平等がつくられていくところにあった。また、一身が所有する「能力」が所有を限りなく大きくさせるという点が、悩ましい問題性をはらんでいた。「能力」や「学力」が所有の社会的配分を決め、人々の人生を左右するものとして立ち現れたからである。さらに、広がった格差がすべて「個人の能力」で説明されてしまうという点が、大きな問題であった。

さて、「能力」を個の所有と考えて成立した近代から、時代を経た私たちの社会には、そうとうあちこちに綻びが見えだした。能力を個別に位置づけるだけでは、問題を解決しえないようになってきたのだ。

### 自由（多様性）をベースに平等を

アレクシス・トクヴィルは、一九世紀初頭に当時新興の民主主義国家であったアメリカ合衆国を旅し『アメリカのデモクラシー』を著した。その近代民主主義思想の古典の中で彼は、自由と平等は両立しにくいが、しかし平等の原理ばかりが際限なく拡大されると、新しい専制が生まれると指摘していた。新しい専制とは、「能力」により支配される今の社会を示しているようにも思われる。多様である「自由」は排除し、「機会の平等」だけを用いて社会を機能させようとした日本の現在である。

平等の原理が際限なく拡大された社会は、ついには競争重視の新自由主義の考え方に連なる。

競争主義社会に投げ出され、がんばるしかないと個人の努力が心身を蝕むまで過剰になったり、努力する力を奪われた人々が排除され、社会が分断され質が低下するという社会的リスクへの配慮はこの発想の中からは見られない。ここに、機会の平等→自己責任→学力で乗り越えるという流れが確立する。教育学や社会学系の研究者たちも支持しがちな「生涯学習社会」や、「知識基盤型社会」などの考え方も、この流れにすくいとられる危うさがあることを知っておきたい。学校選択のように「選択」に投げ出し、自己責任の土俵に乗せるといった状況も同様だ。

ベルギー出身の優れた思想家であるシャンタル・ムフは、多様性、異質性は克服すべきものとして理解されてきたが、捨て去るべきはそのような社会観だとして、自由と平等の両立を主張する（シャンタル・ムフ「多元主義と左派のアイデンティティ」マイケル・ウォルツァー『グローバルな市民社会に向かって』）。

異質であることは克服すべきものではない、問題はそのまなざしだと。「異質」を個人の自由の側面からとらえ返し、それを克服するものとはせず、当たり前のものとして、その上に平等を考える制度や施策をつくっていくことの意義を、ムフのこの言葉から私は考える。

## 弱くある自由

能力主義と競争主義を縮減するためには個の解放が必要で、つながりあって社会を改善するという現実的な観点から新しく議論を組み立て直すことが重要と考えてきた。では、どのように人間の解放の構想がありえるのだろうか。

河添誠(首都圏青年ユニオン)は「「不器用さ」は排除されても仕方がないか——若者の「自立」をめぐって」の中で、次のように言う。

「不器用」な者に、「器用さ」を要請することにより、その流れに乗れない「不器用」な者が排除される危険。むしろ「不器用」な者を受け止めてきた受け皿が減少している社会状況こそ問題。

(湯浅誠・河添誠編『「生きづらさ」の臨界——〝溜め〟のある社会へ』)

この言葉は重く、また多くの可能性を示す内容でもある。ここで問われているのは、「能力」のある者以外は排除される、「弱くある自由」を認めない社会はとても危険だという点だ。「能力」ある者だけが生き延びていくことは、少し考えると「無能力」とされる者同様、「能力」のある者にとっても非常に辛い社会であることが理解できる。「能力」のある者は、永遠に能力を持ち続けなければならないからである。個でがんばり続けなければならない。

今、働き盛りの人も、人は一生のうちに必ず多かれ少なかれ「弱く」なる。生き終えようとするときだけでなく、どんなにタフな人も弱くなることがある。弱くなった人にとって、生きる受け皿があり、関係に守られた社会は安心だ。子どもや障害者にとどまらず、働き盛りの人も自分の将来を想定しながら、関係に支えられた生きづらくない社会を構想しつつ今を生きたほうがいい。

これからの社会を形作る、もうひとつの重要な原理は能力の共同性だ。次に説明する「関係的権利論」や後で説明するパウロ・フレイレの議論では、能力は関係性によって立ち現れるというとらえ方をする。

ここで相談員コラムより、ふたたび子どもの声を紹介したい。

関係がひろがっていく　（元相談員　太田朋恵）

「自分は今までずっといじめられてきた。クラス替えをしても、いじめてくる相手が変わるだけでターゲットはいつも自分。周りはみんな見て見ぬふり。だから（自分は）いじめられてもしょうがないんだ、と思うようになっていった」。そう淡々と語っていた。さらに、「本当の自分を見せたら、嫌われるから「誰にも本当の自分を見せない」と心に決めた。だから自分から人に話しかけることはしない」とも話していた。

そんな経験をしてきた彼女は人に対して警戒心が強く、最初はオンブズくらぶ（子どもの相談場所）で私と会うことだけで精一杯だった。けれど、少しずつ彼女は変っていった。緊張しながらであったが、他の相談員やオンブズパーソンとも出会うことができた。

そしてある面談の日、オンブズくらぶにやって来た彼女は、開口一番「自分の居場所を見つけることができた！」と嬉しそうに話し始めた。自分と同じようにしんどい思いをしてきた友達との出会い、そこで働く自分たちをサポートしてくれるおとなとの出会いがあったという。「これからは、自分が安心できるところでは、本当の自分を出していきたい。自分を知ってほしい」。そう話してくれた。それからの彼女は生き生きと輝いている。

（『子どもオンブズ・レポート2007』）

無言で過ごした最初の面談から二年。彼女は人と出会い、関係がひろがっていく中で、困難な状況を自分なりに乗り越えていくことができた。関係が彼女の元気を回復させた。

次に紹介するミノウの関係的権利論もまた同様の点を強調する。

［ミノウの関係的権利論］　子どもの権利の理論構成は相当にラディカルだ。アメリカの法

理論家で、裁判所で調査官として実務を重ねていたマーサ・ミノウは、みかけの平等が現実の平等をもたらすことにはならないと述べ、権利は関係的なので、権力関係をうまく調整するために権利の再構成がはかられるべきだとする。そのために、「子どもの声」が必要だというのだ。

能力基準（有能―無能）によって権利保障の程度・内容を決定するのではなく、より丁寧に当該人物自身や、本人が置かれている状況・固有性を、つまり差異を見ていこうとする発想が「子ども」の権利という定式を支えている。

（Minow, M., *Making All the Difference*、大江洋『関係的権利論』）

ミノウは、「合理的」な大人が、「無能力」だとされる子どもの視点を類推し、どう対応するかを決めるのではなく、子どもの視点は「直接取り込まれるべき」と述べる。より注意して子どものおかれている状況を知り、固有のその子を知り、「直接に取り込まれた」子どもの声から今後の対応を探すことが、子どもの権利というツールを支える方法という。それが、「能力」にとらわれた近代を超えるひとつの方法として、私たちに今提示されている。私はオンブズパーソンの個別救済を通して、関係に働きかけ、関係に守られると人は強くなると、ミノウの関係的権利論の妥当性を実感している。

基本的にどんな子どもでも群れることを欲する。人間関係がうまく行かなくなり力を失っても、どこかの関係にしっかり守られるとふたたび力を取り戻す。そうすると群れに戻りたくなる様子が、その子どもなりの形で私たちに示される。

小学校男子の声。「ぼくは、学校でいやなことがあったり、気もちがくるしい時に、オンブズパーソンへ行くと、だんだん元気もりもりになります。ぼくといっしょに、わらったりおこったり、ないたりしてくれてうれしいです」(「広報かわにし」二〇〇八年一二月)。

## 3　むすびにかえて

### 「力」は関係に支えられる

すでにある社会や文化の支配的な価値を、現代社会が「一般とは異なる」とみなす人に保障する方法が、「社会保障」と考えられてきた。障害のある人への保障、生活保護を受ける人々への保障などである。教育の分野では同様に、学力が備わっていない子どもを

「課題」があると位置づけ、多くの学校では学力保障を実践の中心に据えてきた。ある県の教職員に話を聞いてもらったときのことだ。新任三年目の先生がこうおっしゃった。

「私は、学力がしんどい子どもに、毎日放課後や休み時間に指導を続けてきました。けれど、子どもも私もなかなか気分良く進むことができなかった。ある日、休み時間に指導するより、皆で遊ぶことに方向転換してみたのです。すると、あらあら不思議、子ども同士の関係が育ち、その子に力がついてきました」

（小学校教員）

私は応えた。「力が戻ってきたのですね」。まったくもって現場は面白い。まなざしを新しくされた先生は、実感として学力保障一辺倒ではなく、子ども同士の関係が戻ったら、その子は関係性に守られて自立していくことを感じていたのだった。

### ゆるめると「力」が戻るエンパワメント

——伝えてほしい、君の気持ち——代弁の前に

（相談員　村上裕子）

自分の本当の気持ちを先生に伝えてみたいけど、「今さら伝えても…」「うらまれたらどうしよう…」と、Aさん。

Aさんは、先生とのミスコミュニケーションがきっかけで、学校に行けなくなった。伝えてもよくなるイメージが持てない、という。（略）

「今までおとなに自分の気持ちや意見を伝えて聞いてもらった経験はない」と話すAさん。周りのおとなとの関係で、意見を聞いてもらえない、受け止めてもらった経験が少ない子どものあきらめ感は、切ないほど強い。「どうせ…」「やっぱりやめておく」。あきらめるたびに、また周りに発信するハードルがあがる。

つい、「その言いづらい気持ち、わかるなぁ…。代わりに伝えようか？」と言ってしまいそうになる。そんな気持ちをぐっと抑えて、子どもが主体的に動くことをサポートする、という原点に立ち返る。「その気持ち、先生は知らないんじゃない？」「きっとAさんの話を聞かせてほしいと思っているよ」と、子どもに繰り返し、自分の気持ちを周りのおとなに伝えることの大切さを提案する。

面談を重ねる中で、気持ちを伝えるイメージがついた子どもは、ドキドキしながらも動き始める。「自分の気持ちをおとなに伝えてよいのだ。聞いてもらえるんだ」と

感じたAさんの表情は輝き始め、同時に「聞いてもらおう」という意欲がじわじわと出てきた。（略）

子どもは、「先生は、自分のことを傷つけようとしていたんじゃないんだ」「自分の話を聞きたいと思っているんだ」と気付くと、そして、まわりに自分の気持ちが受け止められたと感じると、めきめきと元気に、意欲的になる。

（『子どもオンブズ・レポート2010』）

「エンパワメント」の意味を聞かれたら、私は「ゆるめること」と答えている。ブラジルの貧困と闘う人々と共闘した教育実践家であったパウロ・フレイレによって用いられるようになったのがこの「エンパワメント」という意味合いだ。一般には、「励ます」とか「力づける」という意味で使われることが多いが、この言葉は、人間が本来もつ力を発揮することを可能にするよう、それを阻害している要因を軽減し、平等で公平な社会を実現しようとするところに価値をおいた考え方だ。

緊張している子どもの緊張がゆるんだら、関係性に守られたら、どの子どもにも本来の潜在的な力が戻ってくる。オンブズパーソンは、その変容ぶりに嬉しい驚きを与えられてきた。エンパワメントとは、励まして子どもに力を与えるというよりも、奪われていたパワーを回復すること、またそのような関係性が与えられることなのだ。

私たちの社会に今必要なのは、成長一辺倒や個で乗り越える原理から、関係性を取り戻し、一人ひとりの緊張をゆるめるため分かち合う原理を確認することだ。当事者の声から、状況を新しくしていくことだ。

たとえば、「ワークシェアリング」だ。一人ひとりの働く時間を抑え、その分、多くの者を雇う。控え目にして、分かち合う。資源やエネルギーをさらに使うことに対しては、いちいち立ち止まり、その前に、能力を含め、今あるものを「分かちもつ」。戦後立ち現われてきた問題群のつくられ方を知った私たちは、その思想史をこれからの視点の味方として、弱くある自由を認め、柔軟な制度をつくっていきたい。

## 成熟した依存

個の能力で解決するという方法について今、立ち止まり考え直したい。人々のリアルな暮らしに沿う社会配分の方法、能力の共有という可能性に目を向けたい。

あるとき、障害者運動における「自立」の概念の定義を聞き、私はたいへん驚いた。

①　自分でできること。

②　成熟した依存。

「成熟した依存」とは何か。自分ではできないけれど誰か助けてくれませんかと言えること。それを伝えられたら、すなわち「成熟した依存」ができたならば、その人は「自立している」とみなせるのだという。うまく言えなくても、伝えられなくてもいい。全部を自分でやることが自立では決してないのだ。人にＳＯＳを出せるのが自立。さて、私たち大人は、「あなたができなくても頼める関係があったらいいんだよ」と子どもたちに伝えてきただろうか。

**能力は分かちもつもの**

ここまで見てきたように、今日、親や社会が子どもに求めていることは、能力開発の強制であり、それは自己責任論に基づく私的財産の獲得競争の強制であった。その結果、友達とのつながりを希薄化することまで強制することになる。能力が個に分断されることで、人々には能力がもつ共同性が見えにくくなった。しかし、あなたの「力」は、知恵が分かちもたれてあなたに現れたものであり、それゆえその力は関係的であり共同のものなのだと言えるだろう。そもそも能力とは個に還元できないものなのだ。

実は、オンブズパーソンの個別救済で説明してきた、関係に守られると人は自立するという問題解決への視点、これはロックの私的所有論のはらむ問題を新しく拓こうとするチャレンジでもある。

私的所有論の問題は、一身が所有する「能力」が所有を限りなく大きくさせ不平等をつくり出すという点であった。関係に守られると人は自立するという個別救済で知った事実は、能力を分かちもつという「能力の共同性」が人々に機能することを実証している。それは、さまざまなものを分かち合うことができるという可能性でもある。

本書では、私たちの暮らし方や働き方の結果生じている問題が、経済成長と能力主義の思想に支えられてつくられてきたものである点を整理してきた。人々はその思想を内面化し、今も自分自身を追い詰めている。また、競争に直結する「機会の平等」だけで社会を機能させようとする限界を指摘してきた。

能力主義の克服は、人間の解放の構想と結びつくこれからの挑戦だ。そのための提案はふたつ。

ひとつは、社会全体が「減速」すること。ふたつ目は、「能力の共同性」の提案だ。

両提案とも人々の心構えの問題ではない。これを政治と社会の具体的なしくみにつなげていく必要がある。近代の「制度」がもつ非人間的な問題点をミッシェル・フーコーは指摘したが、たとえばオンブズパーソンは、さまざまな方向から人間を中心に状況を拓き、制度自体も改善しうる「制度」である。

私の立場はシンプルなものだ。現在、教育も働き方も過剰になっている。教育システムが排除の役割を担い、働き方とつながっている。過労死しそうな正規雇用と、生活が不安定にならざるをえない非正規雇用に振り分けられている。その中で、大人たちは、「教育的配慮」でもって、子どもたちの個の能力を高めることで解決しようとしている。しかし、それが、子どもや子どもの関係を抑圧し逆に力を奪っている。そこで、緊張した関係調整に用いられるオンブズの出番が増大している。

どうすればいいかというと、まずは、教育や働き方の過剰さをゆるめ、成長にこだわらず、仕事を分け合うとよい。能力を分かちもつとよい。

能力を分かちもつという発想は、必ず現実を切り拓く力をもつだろう。個で乗り越えるのではなく分かちもつという発想が、政治や社会の原理として、ささやかでもあちこちの地域で芽吹く、そのことが閉塞感のある私たちの現実を拓いていくだろう。

ただ、社会を減速するのも、能力を分かちもつのも、成長志向で、個でがんばってきた今いる大人たちだけで行うのはひどく難しい。だからこそ、苦しんでいる、抑圧されている、力を奪われている子どもや人々がいて、その声に応えていくことが、私たちに与えられたひとつの可能性だ。

「子どもの声」をきちんと聞かせてもらい、その声に応答する大人の側の思考回路を開くこと。私たちの社会は子どもたちが引き継いでくれる。だから大人は、子どもに失礼のないように、思考停止をしてはいけない。小さな声に耳を傾けるというチャンスを生かし、私たちは、いっしょに今を生き抜こう。

# あとがき

「今の大阪では「できる人」にばかりスポットが当てられている。「できない人」は根こそぎつぶされてしまう。いったいこの強力な流れをどうしたものだろう。途方に暮れてしまう……」大阪府社会教育委員会議で、ある参加者がつぶやいた。

排他的な空気がじわじわと満ちつつある。その空気はまずは弱い者を傷つける。たとえば、外国人の子どもや親に行政の支援が及ぶと「税金を納めていない人になぜ税金を使うのか」と市民からクレームがくる。多数派が少数派の立場をどれだけ想像できるか、というのが社会の成熟度だ。社会のありようをきちんと議論せず、場当たり的にこなしてきた日本社会に成熟が求められている。

では、社会は未熟で希望がなく、お先真っ暗なのかというと、そう悲観的にばかりなることもない。たとえば、子どもの存在や自分の居場所に気づくことができたら、私たちは生きていけると思う。

「届いたブックレットを開けてみたら、桜井さんが出てきました」と友人からメール。そうだ、3・11の四か月後に、子育て社会誌『ちいさい・おおきい・よわい・つよい』(以降『ち・お』)でいっしょに編集委員をしている山田真さんに誘っていただき、福島で行われた母子相談会でお母さんたちの不安を聞かせてもらった(山田真『小児科医が診た放射能と子どもたち』)。

震災による原発暴走事故が勃発し、どんな専門家にも先行きが見えない。放射能への心配を口にするとまわりの人たちから、そんなに不安になるのはおかしいと指摘され、「心配」と口に出せない。それが辛いと母親たちは感じていらした。大人だけでなく、たくさんの子どもたちが今も不安の中で生きている。子どもたちは案外と表情や言葉に出さない。

後日、茨城県から「震災・放射能不安――子どもへの接し方」というテーマで講演をとの依頼を頂戴し、いったい何が話せるのかと西日本に暮らす私は途方に暮れた。悩みつつ、サブテーマを「子どもへの接し方と「心の問題」にしてはいけないこと」に代え、人々と出会うチャンスをいただいた。

社会的な問題は、私たちの心構えだけで乗り越えようとしてはいけない。ほとんどの問題は社会的につくり出されている。だから、私たちは支え合いでしのぎつつ、いっしょに問題のつくり出され方と対決しなくてはと思う。経済成長とか評価という自己責任論につながる閉じられた発想が、格差を大きくし人々を孤立させてきた。だから、ひとりが充分には「できない人」であっても、力を分かちもつという思想が制度設計に活かされたら、悪循環の輪が開くにちがいない……。

というような話をする中で、私自身が思いがけず気づかされたことは「子どものケア」ではなく、私たち大人にとって「子どもがケア」だということだった。どんな時代もどんなに深い悲嘆に暮れているところでも、子どもたちの天真爛漫な物言いや無邪気な笑顔で、大人たちは力を与えられてきた。子どもはいるだけでボランティア、存在だけで希望だ。

さらに、子どもの存在とは別に直接、私たちをバックアップしてくれるものは何だろう。自分が否定されない居場所があることではないか。生きる希望を与えてくれるその「居場所」とは場所というよりも、むしろ人との「関係」だ。誰かたったひとりでも、自分を否定せず共にいてくれる関係に気づけば、人は生き延びることができる。

と考えてみると、私には居場所が与えられているなぁとしみじみしてしまう。

研究会の仲間たち、ゼミの学生たち、大学の同僚たち、『ち・お』『お・は』(『おそい・はやい・ひくい・たかい』)編集委員やスタッフなど、それぞれの人との間に安心した居場所が備えられ、温かなパワーを受け取ってきた。本書の仕上がりを待っていてくれた市役所スタッフを含むオンブズチームの仲間やOBたちもまた心地よい居場所を提供してくれている。

「まえがき」で記した釜ケ崎やフィリピンに、オンブズという経験もまた自分で選んだというよりも、どちらかというとなりゆきで、オロオロと生きてきた。けれど、思いがけず現れる居場所のおかげで、どこに行ってもなんとかなりそうな気もしてしまう私は、本当に能天気である。

新書を書いてみてはと勧めてくださったのは、『ち・お』編集委員大先輩の毛利子来さんだ。敏腕編集者でいてチャーミングな上田麻里さんは、ラフな内容にたくさんのアドバイスをくださった。

最後まで読んでくださった皆さま、おつき合い頂き本当にありがとうございました。

「関係」という居場所を感じさせてくださる人々と、皆さまに心からの感謝を込めて。

二〇一二年一月二二日

平　安

# 主要参考文献

アマルティア・セン『不平等の再検討』池本幸生・野上裕生・佐藤仁訳，岩波書店，1999年
石川憲彦『こども、こころ学——寄添う人になれるはず』ジャパンマシニスト社，2005年
市川昭午『愛国心：国家・国民・教育をめぐって』学術出版会，2011年
イヴァン・イリッチ『脱学校の社会』東洋・小澤周三訳，東京創元社，1977年
岩井克人『二十一世紀の資本主義論』筑摩書房，2000年
上野千鶴子『家父長制と資本制』岩波書店，1990年
エヴァレット・ライマー『学校は死んでいる』松尾弘道訳，晶文社，1985年
エーリッヒ・フロム『自由からの逃走』日高六郎訳，創元社，1951年
岡村達雄編『戦後教育の歴史構造』[教育の現在　歴史・理論・運動]第1巻，社会評論社，1988年
——『現代の教育理論』[教育の現在　歴史・理論・運動]第2巻，社会評論社，1988年
——『教育運動の思想と課題』[教育の現在　歴史・理論・運動]第3巻，社会評論社，1989年
尾崎ムゲン『戦後教育史論——民主主義教育の陥穽』インパクト出版会，1991年
——『日本の教育改革——産業化社会を育てた一三〇年』中公新書，1999年
大江洋『関係的権利論——子どもの権利から権利の再構成へ』勁草書房，2004年
岡崎勝『学校再発見！——子どもの生活の場をつくる』岩波書店，2006年

参考文献

荻野達史・川北稔・工藤宏司・高山龍太郎編『「ひきこもり」への社会学的アプローチ――メディア・当事者・支援活動』ミネルヴァ書房，2008 年
小沢牧子『子どもの場所から』小澤昔ばなし研究所，2006 年
川西市子どもの人権オンブズパーソン『子どもオンブズ・レポート』川西市，2003―2011 年
熊谷一乗・国祐道広・嶺井正也編『転換期の教育政策』八月書館，1998 年
熊沢誠『リストラとワークシェアリング』岩波新書，2003 年
――『若者が働くとき――「使い捨てられ」も「燃えつき」もせず』ミネルヴァ書房，2006 年
最首悟『「痞」という病からの――水俣誌々・パート 2』どうぶつ社，2010 年
桜井智恵子『市民社会の家庭教育』信山社，2005 年
――「高度成長期初頭の家庭における学歴の高度化――学卒労働市場の継時的変化をてがかりに」『生活科学研究誌』Vol. 4 大阪市立大学生活科学研究科，2005 年
S・ボウルズ，H・ギンタス『アメリカ資本主義と学校教育――教育改革と経済制度の矛盾』宇沢弘文訳，岩波書店，2008 年
清水眞砂子『幸福に驚く力』かもがわ出版，2006 年
――『本の虫ではないのだけれど――日常を散策する 1』かもがわ出版，2010 年
シャンタル・ムフ『政治的なるものの再興』千葉眞・土井美徳・田中智彦・山田竜作訳，日本経済評論社，1998 年
――『民主主義の逆説』葛西弘隆訳，以文社，2006 年
ジョック・ヤング『後期近代の眩暈――排除から過剰包摂へ』木下ちがや・中村好孝・丸山真央訳，青土社，2008 年
ジョン・ロック『市民政府論』鵜飼信成訳，岩波文庫
ジョン・ロールズ『公正としての正義　再説』田中成明・亀本洋・平井亮輔訳，岩波書店，2004 年
ジョーン・フィッツジェラルド『キャリアラダーとは何か――アメリカにおける地域と企業の戦略転換』筒井美紀・阿部真

大・居郷至伸訳，勁草書房，2008 年
スーザン・ジョージ『なぜ世界の半分が飢えるのか――食料危機の構造』小南祐一郎・谷口真里子訳，朝日新聞社，1984 年
瀬戸則夫『子どもの人権弁護士と公的子どもオンブズ』明石書店，2003 年
竹内章郎『「弱者」の哲学』大月書店，1993 年
立岩真也・齊藤拓『ベーシックインカム――分配する最小国家の可能性』青土社，2010 年
徳岡輝信「モノの星座と政治の発見」教育の境界研究会編『むかし学校は豊かだった』阿吽社，2009 年
中川明『学校に市民社会の風を』筑摩書房，1991 年
浜田寿美男『子どものリアリティ　学校のバーチャリティ』岩波書店，2005 年
浜矩子『グローバル恐慌――金融暴走時代の果てに』岩波新書，2009 年
広田照幸『日本人のしつけは衰退したか――「教育する家族」のゆくえ』講談社，1999 年
ポール・ウィリス『ハマータウンの野郎ども』熊沢誠・山田潤訳，筑摩書房，1996 年
堀智晴『保育実践研究の方法――障害のある子どもの保育に学ぶ』川島書店，2004 年
堀正嗣ほか編『子ども・権利・これから』明石書店，2001 年
本田由紀『多元化する「能力」と日本社会――ハイパー・メリトクラシー化のなかで』NTT 出版，2005 年
マイケル・ウォルツアー『グローバルな市民社会に向かって』石田淳・越智敏夫・向山恭一・佐々木寛・高橋康浩訳，日本経済評論社，2001 年
ミシェル・フーコー『監獄の誕生――監視と処罰』田村俶訳，新潮社，1977 年
三上和夫『教育の経済――成り立ちと課題』春風社，2005 年
嶺井正也『障害児と公教育――共生教育への架橋』明石書店，1997 年

参考文献

毛利子来『たぬき先生のゲンコ――子ども医者「日本の阿Q」を叱る』金曜日，2009年
山口幸夫「三里塚と脱原発運動」高草木光一編『連続講義　一九六〇年代　未来へつづく思想』岩波書店，2011年
山田真『子育て――みんな好きなようにやればいい』太郎次郎社エディタス，2008年
――『小児科医が診た放射能と子どもたち』クレヨンハウス，2011年
湯浅誠・河添誠編『「生きづらさ」の臨界――“溜め”のある社会へ』旬報社，2008年
吉永省三『子どものエンパワメントと子どもオンブズパーソン』明石書店，2003年
R・P・ドーア『学歴社会　新しい文明病』松居弘道訳，岩波書店，1990年

桜井智恵子

大阪女学院短大，University of the Philippines，大阪女子大学を経て，1997年大阪市立大学大学院博士課程単位取得退学．博士(学術)．
現在—関西学院大学大学院人間福祉研究科教授
川西市子どもの人権オンブズパーソン調査相談専門員
著作—『市民社会の家庭教育』(信山社出版)
『自立へ追い立てられる社会』(共著，インパクト出版)
『戦争への終止符—未来のための日本の記憶』(共編著，法律文化社)
『希望への陰謀—時代の毒をどう抜き取るか』(共著，現代書館)
『「民意」と政治的態度のつくられ方』(共著，太田出版)
「資本制社会が求めた道徳教育」(『唯物論研究』149号)

子どもの声を社会へ
—子どもオンブズの挑戦　　岩波新書(新赤版)1353

2012年2月21日　第1刷発行
2020年7月15日　第2刷発行

著　者　桜井智恵子《さくらいちえこ》

発行者　岡本　厚

発行所　株式会社 岩波書店
〒101-8002 東京都千代田区一ツ橋2-5-5
案内 03-5210-4000　営業部 03-5210-4111
https://www.iwanami.co.jp/

新書編集部 03-5210-4054
https://www.iwanami.co.jp/sin/

印刷・理想社　カバー・半七印刷　製本・中永製本


ISBN 978-4-00-431353-3　　Printed in Japan

# 岩波新書新赤版一〇〇〇点に際して

ひとつの時代が終わったと言われて久しい。だが、その先にいかなる時代を展望するのか、私たちはその輪郭すら描きえていない。二〇世紀から持ち越した課題の多くは、未だ解決の緒を見つけることのできないままであり、二一世紀が新たに招きよせた問題も少なくない。グローバル資本主義の浸透、憎悪の連鎖、暴力の応酬――世界は混沌として深い不安の只中にある。

現代社会においては変化が常態となり、速さと新しさに絶対的な価値が与えられた。消費社会の深化と情報技術の革命は、種々の境界を無くし、人々の生活やコミュニケーションの様式を根底から変容させてきた。ライフスタイルは多様化し、一面では個人の生き方をそれぞれが選びとる時代が始まっている。同時に、新たな格差が生まれ、様々な次元での亀裂や分断が深まっている。社会や歴史に対する意識が揺らぎ、普遍的な理念に対する根本的な懐疑や、現実を変えることへの無力感がひそかに根を張りつつある。そして生きることに誰もが困難を覚える時代が到来している。

しかし、日常生活のそれぞれの場で、自由と民主主義を獲得し実践することを通じて、私たち自身がそうした閉塞を乗り超え、希望の時代の幕開けを告げてゆくことは不可能ではあるまい。そのために、いま求められていること――それは、個と個の間で開かれた対話を積み重ねながら、人間らしく生きることの条件について一人ひとりが粘り強く思考することではないか。その営みの糧となるものが、教養に外ならないと私たちは考える。歴史とは何か、よく生きるとはいかなることか、世界そして人間はどこへ向かうべきなのか――こうした根源的な問いとの格闘が、文化と知の厚みを作り出し、個人と社会を支える基盤としての教養となった。まさにそのような教養への道案内こそ、岩波新書が創刊以来、追求してきたことである。

岩波新書は、日中戦争下の一九三八年一一月に赤版として創刊された。創刊の辞は、道義の精神に則らない日本の行動を憂慮し、批判的精神と良心的行動の欠如を戒めつつ、現代人の現代的教養を刊行の目的とする、と謳っている。以後、青版、黄版、新赤版と装いを改めながら、合計二五〇〇点余りを世に問うてきた。そして、いままた新赤版が一〇〇〇点を迎えたのを機に、人間の理性と良心への信頼を再確認し、それに裏打ちされた文化を培っていく決意を込めて、新しい装丁のもとに再出発したいと思う。一冊一冊から吹き出す新風が一人でも多くの読者の許に届くこと、そして希望ある時代への想像力を豊かにかき立てることを切に願う。

（二〇〇六年四月）

## 社会

- サイバーセキュリティ　谷脇康彦
- まちづくり都市 金沢　山出　保
- 虚偽自白を読み解く　浜田寿美男
- 総介護社会　小竹雅子
- 戦争体験と経営者　立石泰則
- 住まいで「老活」　安楽玲子
- 現代社会はどこに向かうか　見田宗介
- EVと自動運転 クルマをどう変えるか　鶴原吉郎
- ルポ 保育格差　小林美希
- 津波災害〔増補版〕　河田惠昭
- 棋士とAI　王　銘琬
- 原子力規制委員会　新藤宗幸
- 東電原発裁判　添田孝史
- 日本問答　田中優子・松岡正剛
- 日本の無戸籍者　井戸まさえ
- 〈ひとり死〉時代のお葬式とお墓　小谷みどり

---

- 町を住みこなす　大月敏雄
- 親権と子ども　榊原富士子・池田清貴
- 歩く、見る、聞く 人びとの自然再生　宮内泰介
- 対話する社会へ　暉峻淑子
- 悩みいろいろ　金子　勝
- 魚と日本人 食と職の経済学　濱田武士
- ルポ 貧困女子　飯島裕子
- 鳥獣害 動物たちと、どう向きあうか　祖田　修
- 科学者と戦争　池内　了
- 新しい幸福論　橘木俊詔
- ブラックバイト 学生が危ない　今野晴貴
- 原発プロパガンダ　本間　龍
- ルポ 母子避難　吉田千亜
- 日本にとって沖縄とは何か　新崎盛暉
- 日本病 長期衰退のダイナミクス　金子　勝・児玉龍彦
- 雇用身分社会　森岡孝二
- 生命保険とのつき合い方　出口治明

---

- ルポ にっぽんのごみ　杉本裕明
- 鈴木さんにも分かるネットの未来　川上量生
- 地域に希望あり　大江正章
- 世論調査とは何だろうか　岩本　裕
- フォト・ストーリー 沖縄の70年　石川文洋
- ルポ 保育崩壊　小林美希
- 多数決を疑う 社会的選択理論とは何か　坂井豊貴
- アホウドリを追った日本人　平岡昭利
- 朝鮮と日本に生きる　金　時鐘
- 被災弱者　岡田広行
- 農山村は消滅しない　小田切徳美
- 復興〈災害〉　塩崎賢明
- 「働くこと」を問い直す　山崎　憲
- 原発と大津波 警告を葬った人々　添田孝史
- 縮小都市の挑戦　矢作　弘
- 福島原発事故 被災者支援政策の欺瞞　日野行介
- 日本の年金　駒村康平

## 岩波新書／最新刊から

1829 教育は何を評価してきたのか　本田由紀著
なぜ日本はこんなに息苦しいのか。能力・資質・態度という言葉に注目して戦前から現在までの教育言説を分析。変革への道筋を示す。

1815 大岡信『折々のうた』選　詩と歌謡　蜂飼耳編
「うたげ」に合す意志と「孤心」に還る意志と。二つの意志のせめぎ合いの中から生まれる、豊饒なる詩歌の世界へと誘う。

1830 世界経済図説　第四版　宮崎勇・田谷禎三著
見開きの本文と図で世界経済のファンダメンタルズが一目でわかる定番書。新型コロナで激変する世界経済はどうなる？

1831 5G　次世代移動通信規格の可能性　森川博之著
その技術的特徴・潜在力は。私たちの生活や産業に何をもたらすか。米中の覇権争いの深層に何があるのか。さまざまな疑問に答える。

1832 「勤労青年」の教養文化史　福間良明著
読書や勉学を通じて人格陶冶をめざすという若者たちの価値観は、いつ、なぜ消失したのか。格差と教養の複雑な力学を解明する。

1807 陸海の交錯　明朝の興亡　シリーズ　中国の歴史④　檀上寛著
中華と夷狄の抗争、華北と江南の対立、草原と海洋の相克――三百年に及ぶ明の時代とは、混沌とした状況に対する解答であった。

1834 マックス・ヴェーバー　―主体的人間の悲喜劇―　今野元著
数多くの名著で知られる知の巨人マックス・ヴェーバー（一八六四―一九二〇）。「伝記論的転回」をふまえた、決定版となる評伝。

1835 紫外線の社会史　―見えざる光が照らす日本―　金凡性著
人は見えざるモノに期待し、また恐怖を覚える。誰もが浴びる紫外線が近現代日本の社会・健康・美容・環境観の変遷を可視化する。

(2020.6)